Allitera Verlag

WERNER EBNET

Die Ludwigstraße

MÜNCHENS KÖNIGLICHE PRACHTSTRASSE

Allitera Verlag

Originalausgabe November 2018
Allitera Verlag
Ein Verlag der Buch&media GmbH
© 2018 Buch&media GmbH
Umschlaggestaltung, Layout und Satz: Johanna Conrad
Printed in Europe
ISBN 978-3-96233-027-9

Allitera Verlag
Merianstraße 24 . 80637 München
info@allitera.de . www.allitera.de

INHALT

KÖNIG LUDWIG I. UND SEINE STRASSE

König Ludwig I. verehrte schöne Frauen und die Kunst – aber vor allem seine Stadt München. Allen dreien setzte er Denkmäler: den schönen Frauen mit den Porträts in der berühmten »Schönheitengalerie«, heute im Schloss Nymphenburg, der Kunst mit den Ausstellungsbauwerken Pinakothek, Glyptothek und Antikensammlung, und der Stadt mit der Ludwigstraße. Mit dem Auftrag zum Ausbau der Straße schuf der König etwas Einmaliges, ein architektonisches Kunstwerk für das es weltweit nichts Vergleichbares gibt. Die Akzeptanz der baulichen Aktivitäten von Ludwig hielt sich in ihrer Entstehungsphase zu Beginn des 19. Jahrhunderts sowohl bei der Stadtverwaltung als auch bei den Münchnern generell in bescheidenen Grenzen, hatte doch kaum jemand Verständnis für die Kunstbesessenheit des Monarchen und für seine, in ihren Augen, doch recht fremdartigen Bauwerke, die zum Teil weit außerhalb des städtischen Zentrums lagen.

Kronprinz Ludwig hat sich schon in jungen Jahren begeistert der Förderung der Kunst gewidmet, sodass ihm sein Vater, König Maximilian I. Joseph (1756–1825), seinem drängenden Wunsch entsprechend, die »Führung der Münchner Kunstangelegenheiten« überließ. Für die Stadterweiterung nach Abbruch der mittelalterlichen Befestigungsmauern und Tore waren im Osten, Süden und Westen der Stadt bereits erste Anlagen entstanden, lediglich für den Norden gab es noch keinen festen Plan. Der junge Baumeister Leo von Klenze, seit 1815 Privatarchitekt des bayerischen Königs, erhielt von Kronprinz Ludwig den Auftrag, einen Plan für den Bereich vor dem Schwabinger Tor zu entwerfen. Am 14. September 1816 wurden die Pläne Klenzes, der mittlerweile zum königlichen Hofarchitekten berufen worden war, abgeschlossen und der Kronprinz war begeistert. Eindringlich setzte er sich bei seinem Vater für deren Durchführung ein. Am

5. Mai 1817 wurde endlich die Genehmigung erteilt. Die Geschichte der Ludwigstraße begann – sie währte 35 Jahre und überdauerte damit die Regierungszeit von König Ludwig I.

Unausgesetzt wachte Ludwig über die Gestaltung. Tag für Tag führte er Besprechungen mit seinem Architekten, diese gingen bis ins Detail, selbst das Baumaterial musste dauerhaft sein: »Nicht für Jahrhunderte, für Jahrtausende will ich bauen.« Seine Gewohnheit, auf der Baustelle selbst Anweisungen zu geben, trug ihm den Beinamen »Oberpalier« ein.

Die erste Großbaustelle (1817 bis 1821) war das Palais des Herzogs von Leuchtenberg am Odeonsplatz. An der Südwestecke der Ludwigstraße ließ der Generalsekretär und Ministerialrat des Innern, Franz von Kobell (1779–1850), ein stattliches Wohnhaus erbauen. In rascher Folge schloss sich Haus an Haus gegen Norden an. Klenze gab jedem Haus eine andere Fassade. Dann aber wurde der Bau weiterer Häuser immer schwieriger, da der Kronprinz selbst immer höhere künstlerische Ansprüche stellte. Die Fassaden der ersten Häuser schienen ihm zu kleinteilig, er wünschte sich eine großzügigere Durchführung, etwa im Stil italienischer Palastfassaden, jegliche Individualität sollte zugunsten einer geschlossen-einheitlichen Monumentalität unterbunden werden.

Mit der Regierungsübernahme am 13. Oktober 1825 waren König Ludwig I. die notwendigen Vollmachten in die Hand gegeben worden, um aus dem Staatshaushalt Mittel für die weiteren Baumaßnahmen freizumachen. So entstand in der Folge unter anderem das Bayerische Kriegsministerium. 1828 ließ sich Herzog Max (ein Vetter von König Ludwig) vom königlichen Hofarchitekten ein sehr großzügiges Palais errichten, das 1830 fertiggestellt wurde.

Zunehmende Spannungen und Meinungsverschiedenheiten zwischen dem König und Klenze führten dazu, dass der Architekt Friedrich von Gärtner erste Aufträge für Gebäude in der Ludwigstraße erhielt – Auseinandersetzungen zwischen den beiden Baumeistern waren unvermeidlich. Schließlich wurde Gärtner mit der Fortführung der Ludwigstraße beauftragt, Klenze hingegen erhielt für andere Bauvorhaben wieder das volle Vertrauen des Königs. Gärtners erster Auftrag war 1827 die Planung eines Bibliotheksgebäudes. Die fertigen Pläne mussten jedoch auf Eis gelegt werden, da der Magistrat der Stadt eine Finanzierbarkeit erst in vier Jahren in Aussicht stellte. Um den weiteren Ausbau der Straße trotzdem fortzusetzen, überzeugte der König die Stadtverwaltung von der Notwendigkeit, eine Kirche zu bauen. Wiederkehrende Einsprüche und Zahlungsweigerungen des Magistrats beantwortete König Ludwig I. mit der Drohung, die Universität und den Residenzsitz zu verlegen. Ludwigs Drohung verfehlte seine Wirkung nicht und 1829 erfolgte die Grundsteinlegung. Allerdings konnte der Bau der katholischen Kirche St. Ludwig erst 1844 abgeschlossen werden, da die Arbeit wegen politischer Unruhen, Seuchen und der allgemeinen Teuerung zwischenzeitlich sogar eingestellt werden musste.

Für den Bau der Hof- und Staatsbibliothek (die heutige Bayerische Staatsbibliothek) wurde am 8. Juli 1832 der Grundstein gelegt. 1843 konnte das Bauwerk der Öffentlichkeit übergeben werden. Zur Finanzierung der weiteren Bebauung der Straße musste nach neuen Wegen gesucht werden, da weder mit staatlichen noch mit städtischen Mitteln gerechnet werden konnte. Letztendlich wurden Stiftungen und Staatsbetriebe herangezogen. Als erstes Institut wurde die Blindenanstalt von Freising nach München verlegt. Es folgte 1835 bis 1839 der Bau des Damenstiftsgebäudes. Heute befindet sich in dem Gebäude der Bayerische Verwaltungsgerichtshof. An der Nordecke der Schellingstraße erhielten die Staatsbetriebe der bayerischen Bergwerks- und Salinenadministration ein neues Verwaltungsgebäude. Schließlich erfolgte noch die Bebauung des großen Platzes am Nordende der Ludwigstraße. Die Stiftungen des Kurfürsten Maximilian, Georgs des Reichen

und Maximilian I. Joseph wurden hierfür herangezogen. Die Bauten der Universität, des Herzoglichen Georgianums und des Max-Josef-Stifts konnten erfolgen.

Noch fehlten für den südlichen und nördlichen Abschluss der Prachtstraße die jeweiligen Repräsentativbauwerke. Am Südende entstand die Feldherrnhalle, eine offene Ehrenhalle für das bayerische Heer, nach dem Vorbild der »Loggia dei Lanzi« in Florenz. Für den nördlichen Abschluss der Ludwigstraße wünschte sich der König einen Triumphbogen nach dem Vorbild des »Konstantinsbogens« in Rom: das Siegestor. Die Fertigstellung hat Friedrich von Gärtner jedoch nicht mehr erlebt, er starb am 21. April 1847.

An seinem 70. Geburtstag, dem 25. August 1856, schenkte die Stadt München König Ludwig I. ein Reiterdenkmal auf dem Odeonsplatz, das auf den Tag genau an seinem Geburtstag im Jahr 1862 feierlich enthüllt wurde.

Dem heutigen Besucher der Stadt präsentiert sich die Ludwigstraße an vielen Stellen in einer anderen Gestalt als vor über 150 Jahren. Bereits in den 1930er-Jahren wurden zwei große Bauwerke abgerissen und durch veränderte Neubauten ersetzt. Im nachfolgenden Krieg entstanden entsetzliche Wunden. Der größte Teil der Gebäude wurde zerstört oder schwer beschädigt. Im nachfolgenden Wiederaufbau haben neue Eigentümer einzelner Bauwerke das Innere dem jeweils aktuellen Bedarf angepasst, die Fassaden wurden teilweise vereinfacht rekonstruiert. Gravierend ist die geänderte Nutzung der meisten Häuser. Viele der ursprünglich privat genutzten Wohnungen wurden aufgelöst, um sie gewerblich oder institutionell zu verwenden. Dank Denkmalschutz und engagierter Individualisten konnte der Gesamteindruck der Ludwigstraße im Wesentlichen dem Ursprung entsprechend beibehalten werden. Die Faszination und Einmaligkeit, die noch heute von der Ludwigstraße ausstrahlen, sollen mit diesem Bildband sichtbar werden.

Trotz des Straßennamens ist vielen Menschen nicht bewusst, wem dieses gigantische Gesamtkunstwerk zu verdanken ist und noch weniger, mit wie vielen Schwierigkeiten, kreativem und finanziellem Aufwand es entstanden

Abb. S. 10/11: Ludwigstraße vom Nordturm der Theatinerkirche (St. Kajetan) aus gesehen.

ist. Tausende Menschen fahren oder gehen heute täglich durch die Ludwigstraße, für die meisten ist es einfach eine »Hauptverkehrsader«, ohne dabei den Prachtbauten mit ihren kunstvollen Fassaden Aufmerksamkeit zu schenken. Sie wurde im Bewusstsein von vielen zu einer vertrauten Selbstverständlichkeit degradiert. Die virtuelle»Führung« durch die Ludwigstraße beginnt in diesem Bildband mit dem Odeonsplatz. St. Kajetan, die Theatinerkirche, wird mit einbezogen, obwohl sie deutlich früher als die Ludwigstraße entstanden ist. Doch sie ist, zumindest optisch, ein Bauwerk, das dieser Prachtstraße zugeordnet erden muss. Die Reihenfolge der Bilder und Texte ist nach den heute gültigen Hausnummern geordnet.

DIE SCHÖPFER DER LUDWIGSTRASSE

König Ludwig I. (1786–1868). Lithografie von Franz Seraph Hanfstaengl, um 1830.

Leo von Klenze (1784–1864). Bleistiftzeichnung von Wilhelm von Kaulbach, um 1834.

Friedrich von Gärtner (1791–1847). Radierung von Carl Max Schultheiss, um 1853.

1835 erhielt Friedrich von Gärtner den königlichen Auftrag, einen Entwurf nach dem Vorbild der florentinischen »Loggia dei Lanzi« zu erstellen und so einen architektonischen Ruhepunkt für die bis dahin verwirrenden städtebaulichen Achsen an dieser Stelle zu schaffen. Nach der Prüfung unterschiedlicher Ideen genehmigte Ludwig I. den Vorschlag von Gärtner, ein Denkmal für das bayerische Heer und seine siegreichen Feldherren in Korrespondenz zum einen Kilometer weit entfernt liegenden Siegestor zu gestalten. Das an der vorgesehenen Stelle stehende Traditionswirtshaus »Zum Bauerngirgl« – das ehemals letzte Haus vor der mittelalterlichen Stadtmauer mit dem Schwabinger Tor – wurde abgetragen. Am 18. Juni 1841, dem Jahrestag der Schlacht von Waterloo, fand die Grundsteinlegung der Halle statt. König Ludwig I. mischte sich selbst in das kleinste Detail der Ausführung ein und gab sogar vor, an welcher Stelle die Bauhütte zu platzieren war. Feierlich eingeweiht wurde die Feldherrnhalle am 18. Oktober 1844, dem Jahrestag der Völkerschlacht von Leipzig, zusammen mit den Denkmälern der Feldherren Johann Tzerklas Graf von Tilly und Carl Philipp Fürst von Wrede nach Entwürfen von Ludwig Michael von Schwanthaler (1802–1848), gegossen von Ferdinand von Miller (1813–1887) aus eingeschmolzenen türkischen, russischen, französischen und österreichischen Kanonen. Am 13. November 1859 vermachte König Ludwig I. die Feldherrnhalle durch Testament-Kodizill dem Bayerischen Staat. Am 12. März 1892 wurde in der Mitte der Halle ein Denkmal für die Gefallenen des deutsch-fran-

zösischen Kriegs 1870/71 aufgestellt. Prinzregent Luitpold hatte es in Auftrag gegeben, Ferdinand von Miller zeichnete sowohl für den Entwurf als auch für den Guss des Monuments verantwortlich. Die beiden Marmorlöwen, die schon in Gärtners Entwurf geplant waren, kamen erst 1905 auf den Treppenwangen zur Aufstellung. Wilhelm von Rümann (1850–1906) schuf die beiden Statuen nach einem lebenden Vorbild. Durch Luftangriffe 1944 und 1945 erlitt die Feldherrnhalle relativ geringe Schäden, die in mehreren Schritten von 1950 bis 1962 behoben wurden. Ein 1925 angebrachtes Mahnmal an der Rückwand der Feldherrnhalle zur Erinnerung an die verlorenen Gebiete sowie ein weiteres Mahnmal für die Opfer des Hitler-Putsches nach einem Entwurf von Paul Ludwig Troost (1878–1934) wurde 1938 beziehungsweise 1945 entfernt. Sämtliche reich verzierten Bogenverkleidungen, Wappen sowie das mit Löwenköpfen geschmückte Fries fertigte, nach genauen Angaben von Friedrich von Gärtner, der Bildhauer Anselm Sickinger. Die Akroterien auf den Postamenten aus Deggendorfer Granit entstanden nach Modellen Ludwig von Schwanthalers durch die Bildhauer Fidelis Schönlaub, Anton Sickinger und Francesco Sanguinetti. Die beiden von Anselm Sickinger gefertigten Wappen in den Bogenzwickeln stehen repräsentativ für Bayern und Sachsen als Hommage an König Ludwig I. und seiner Ehefrau Königin Therese von Sachsen-Hildburghausen. Die beiden monumentalen Fahnenmasten vor der Feldherrnhalle wurden im Jahr 1888 zur Erinnerung an den 100. Geburtstag von König Ludwig I. aufgestellt.

Feldherrnhalle nach dem Vorbild der »Loggia dei Lanzi« in Florenz,
links die Residenz, rechts St. Kajetan und die Gebäude der Theatinerstraße.

Bronzestandbilder von Heerführer Johann Tzerklas Graf von Tilly (links)
und Fürst Carl Philipp von Wrede, beide enthüllt 1844.

Marmorne Löwenfiguren von Wilhelm von Rümann, 1906,
die Freitreppe flankierend.

Das bayerische Armeedenkmal,
Entwurf und Guss von Ferdinand von Miller, 1892.

Details Feldherrnhalle,
Fries mit Löwenköpfen in Medaillons
und Wappen Bayerns und Sachsens.

Rittertorsi mit Wappen
auf dem Dach der Feldherrnhalle.

Fahnenstangensockel sowie Fahnenspitzen mit bayerischem Löwen beziehungsweise
Münchner Kindl, nach Entwürfen von Rudolf von Seitz und Ferdinand von Miller.

Entstanden ist die katholische Stifts- und ehemalige Hof- und Klosterkirche des Theatinerordens in den Jahren 1663 bis 1768, also weit früher als der Odeonsplatz und die Gebäude der Ludwigstraße. Dennoch ist sie ein optisch prägnanter Bestandteil des architektonischen Ensembles an dieser Stelle. Aus Dankbarkeit für den ersehnten Thronerben Max Emanuel, erfüllten Kurfürst Ferdinand Maria und seine Frau Henriette Adelaide von Savoyen mit dem Bau der Kirche ein Gelübde. Sie entstand nach Plänen von Agostino Barelli, der 1674 von Enrico Zuccalli abgelöst wurde. Auf besonderen Wunsch der Kurfürstin hatte sie die römische Kirche Sant'Andrea della Valle zum Vorbild. Am 11. Juli 1675 wurde St. Kajetan geweiht – die Außenfassade war zu diesem Zeitpunkt noch weitgehend im Rohbauzustand. Erst 1765 entwarf François de Cuvilliés d. Ä. die hochbarocke Fassade, einschließlich des bayerisch-sächsischen Allianzwappens direkt unter dem Dachfirst, die sein Sohn 1768 vollendete.

Die vier monumentalen marmornen Nischenfiguren der Fassade stammen von Ignaz Günther, ausgeführt hat sie Roman Anton Boos im Jahr 1767. Die Fürstengruft unter dem Chor ist die letzte Ruhestätte für eine Reihe von Mitgliedern der Wittelsbacher Familie. Bei mehreren Luftangriffen im Zweiten Weltrieg wurde St. Kajetan schwer beschädigt, wobei das Dekor stärker betroffen war als die Bausubstanz selbst. Kuppel und Fassade waren aber durch Risse gefährdet und infolge des fehlenden Dachstuhls entstanden noch nach 1945 Schäden am Gewölbestuck. Am stärksten betroffen war die Ausstattung im Chorbereich. Die Wiederherstellung erfolgte in Schritten: 1946 bis 1949 Dachwerk, Mittelschiff und südliches Seitenschiff, 1975 die Kupferdeckung der Kuppel und der Türme. 1999 wurde der Innenraum restauriert, dabei erhielt die Kuppelschale wieder die farbige Fassung von 1720. Eine weitere umfangreiche Restaurierung erfolgte in den Jahren 2014 bis 2019.

Giebel mit bayerisch-sächsischem
Allianzwappen des Kurfürsten Max III.
Joseph und seiner Gemahlin Maria
Anna von Sachsen-Polen.

Chorraum
Theatinerkirche
mit Hochaltar und
einem Gemälde
der thronenden
Maria von Gaspar
de Crayer, 1646.

Die 71 Meter hohe Tambourkuppel der Theatinerkirche.

Die Wittelsbacher
Fürstengruft in der
Theatinerkirche,
in der derzeit
47 Familienmitglieder
ihre letzte Ruhestätte
gefunden haben.
Oben: Gräber König
Maximilians I. und seiner
Frau Königin Caroline

BRIENNER STRASSE 1 –
DAS PALAIS MOY

Nach Plänen von Leo von Klenze entstanden hier – ursprünglich Theatinerstraße 23/24 – in den Jahren 1824 bis 1825 zwei separate Gebäude mit einer gemeinsamen Fassade. Der Bauherr für beide Häuser war Juwelier Franz Xaver Trautmann. Bereits 1830 verkaufte er das an der Brienner Straße gelegene Eckhaus Nr. 24 an den Schönfärber Anton Gsellhofer. Das Haus Theatinerstraße 23 erwarb 1833 Feldmarschall Philipp Fürst von Wrede. Danach wechselte das Gebäude in den folgenden Jahren häufig den Besitzer, unter anderem war es in Händen des Bankiers Jakob von Hirsch, des Grafen Albert von Rechberg und Rothenlöwen, des Brauereibesitzers Ludwig Schmederer, von Frieda und Michael Zöltsch, königliche Hoflieferanten. Ab 1938 gehörte es der Bayern-Lebensversicherung. Gsellhofer verkaufte das Haus Nr. 24 im selben Jahr, in dem er es erwarb, an den Kämmerer und Major Graf Arco-Stepperg, der es wiederum an seinen Sohn, Aloys Nikolaus Graf von Arco-Stepperg, weitergab. 1891 gelangte das Gebäude durch eine Erbfolge in den Besitz des Grafen Moy de Sons, dem es bis heute seinen Namen verdankt. 1944 erfuhren beide Gebäude durch Luftangriffe schwerste Schäden, dabei ging die gesamte Innenarchitektur verloren. Der Wiederaufbau erfolgte in den Jahren 1950 bis 1952 durch den Architekten Georg Hellmuth Winkler. Die Fassade wurde dabei ab dem ersten Stock rekonstruiert, Innenräume und Hof – geschmückt mit einem Schalenbrunnen von Georg Hellmuth Winkler –, sind neu konzipiert. Für die beiden bisherigen Hausnummern erfolgte eine Umwidmung in Brienner Straße 1. Das Palais Moy ist nach wie vor im Besitz der Grafen Moy de Sons.

Zweischalenbrunnen aus Kirchheimer Muschelkalk von Georg Hellmuth Winkler im Innenhof des Palais Moy.

Palais Moy, »hautnah« an der Theatinerkirche. Eine Erinnerungsplakette der Stadt München ist an der Fassade Brienner Straße 1 angebracht.

PALAIS
GRAF MOY
erbaut 1824–1825
von Leo von Klenze

ODEONSPLATZ 1 UND 2

Während die Bebauung der Ludwigstraße unter Leo von Klenzes Aufsicht seit 1818 rasch nach Norden anwuchs, gingen die unter staatlicher Leitung durchgeführten Ankäufe der Grundstücke und die baulichen Vorbereitungsmaßnahmen in Richtung Süden nur schleppend voran. So konnte Klenze erst 1828 mit dem Bau des Doppelhauses Odeonsplatz 1 und 2 beginnen, das von ihm mit einer einheitlichen Fassade im Stil der römischen Renaissance konzipiert wurde. Baumeister Rudolf Röschenauer zeichnete für die Ausführung verantwortlich, Bauherr war der königliche Schlossermeister Korbinian Mayer, der das Gebäude als Investitionsobjekt in Auftrag gab. Das an der Brienner Straße gelegene Eckhaus Nr. 1 gehörte Mitte des 19. Jahrhunderts Graf von Lerchenfeld, 1907 ging es in den Besitz von Albert Bäuml über, dem Inhaber und Leiter der Nymphenburger Manufaktur; noch heute existiert hier ein Ladengeschäft des weltberühmten Porzellans. Haus Nr. 2, um 1900 »Literaturhaus« genannt, war der Sitz einer Kunsthandlung. 1933 befand sich hier der Sitz der Ausstattungsfirma Anton Pössenbacher, dem führenden Hofschreiner und Hofmöbelfabrikanten, der unter anderem die Appartements von König Ludwig II. in den Schlössern Linderhof, Herrenchiemsee und Neuschwanstein ausstattete. Beim Wiederaufbau des m Zweiten Weltkrieg beschädigten Gebäudes wurden die Fassaden der Häuser Odeonsplatz 1 und 2 mit Ausnahme der Erdgeschosse in den ursprünglichen Formen wiederhergestellt. Eine Renovierung der Fassade erfolgte 1991 und erneut 2010.

Von Walter Hacker 1985 gestalteter »Z-Antl-Brunnen« im Innenhof von Odeonsplatz 2, errichtet im Auftrag der vier Brüder Zantl, den ehemaligen Besitzern der Immobilie Odeonsplatz 2. Die Schalen ergeben ein Z und formen zusammen mit den »Anten« den Familiennamen.

Doppelhaus Odeonsplatz 1 und 2 an der Ecke Brienner Straße mit rekonstruierter Klenze-Fassade.

Odeonsplatz mit Reiterstandbild König Ludwig I. von Bildhauer Max Widnmann nach einem Entwurf von Ludwig Michael Schwanthaler, Mitte: Palais Ludwig Ferdinand, heute Hauptverwaltung der Siemens AG, links: ehemaliges Odeon, heute Sitz des Bayerischen Innenministeriums, rechts Palais Leuchtenberg, heute Sitz des Bayerischen Finanzministeriums.

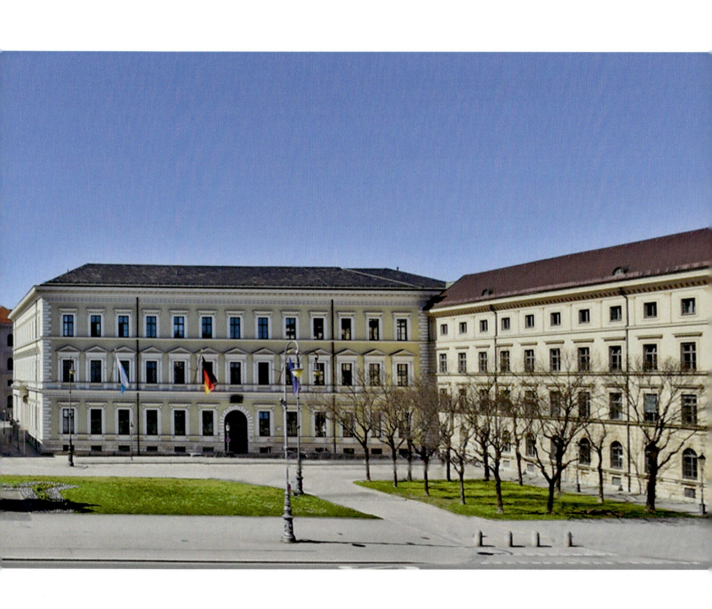

ODEONSPLATZ 3 –
DAS EHEMALIGE ODEON

Das 1826 bis 1828 von Leo von Klenze erbaute ehemalige Odeon diente als Konzert- und Ballsaal für die Münchner Bürger. Die Gestaltung der Fassade und die Abmessungen passte er spiegelbildlich dem gegenüberliegenden Palais Leuchtenberg (siehe S. 34) an, sodass seine Funktion außen nicht sichtbar war. Es war eine architektonische Meisterleistung, in diesem Stadtpalast einen Konzert- und Ballsaal mit 1445 Sitzplätzen, sowie weitere Sitz- und Stehmöglichkeiten auf einer Galerie unterzubringen. Besonderes Lob fand die hervorragende Akustik des Saals. Ende des 19. Jahrhunderts war das Odeon der Mittelpunkt des Münchner Konzertlebens. Neben dem Großen Saal gab es unter anderem einen gewölbten Raum im Nordteil, der als Speisesaal diente. Von 1842 bis zum Ende des 19. Jahrhunderts wurde der Raum als Englische Kirche eingesetzt und dann als Garderobe genutzt. Die Räume im zweiten Stock beherbergten ab 1846 das königliche Konservatorium für Musik. Bombenangriffe des Zweiten Weltkriegs n den Jahren 1943 und 1944 zerstörten das Odeon weitgehend. 1951/52 erfolgte eine äußerliche Rekonstruktion des Gebäudes durch Architekt Josef Wiedemann. Der ehemalige Konzertsaal ist heute Sitz des Bayerischen Staatsministeriums des Inneren. 2007 wurde der Innenhof mit einer spektakulären, filigranen Glas-Stahl-Konstruktion überdacht sowie die übrigen Räumlichkeiten der aktuellen Nutzung angepasst.

Das ehemalige Odeon, Odeonsplatz 3, von der Ludwigstraße aus gesehen.

Der ehemalige Konzertsaal als Innenhof überdacht nach den Umbaumaßnahmen 2007.

ODEONSPLATZ 4 –
DAS EHEMALIGE PALAIS LEUCHTENBERG

Das Palais Leuchtenberg wurde zwischen 1817 bis 1821 von Leo von Klenze für Eugène de Beauharnais, den Stief- und Adoptivsohn Napoléons und späteren Herzog von Leuchtenberg, erbaut. Für München bedeutete die Errichtung einen architektonischen Meilenstein. Es war nicht nur eines der ersten Bauvorhaben am Odeonsplatz, es war gleichsam ein Eckstein für die Anlage dieses neuen Stadtteils. Für die Inneneinrichtung konnte sich Klenze auf seinen genialen Mitarbeiter Jean Baptist Métivier stützen. Es hatte über 250 Zimmer, ein Theater (Zuschauerraum mit über 100 Plätzen), ein Familienmuseum, eine Bibliothek, eine Bildergalerie (mit circa 250 Gemälden), einen Tanzsaal und einen repräsentativen Speisesaal. Fast drei Jahre nach Vollendung des Bauwerks starb der Herzog von Leuchtenberg. Seine Frau Auguste Amalia, die älteste Tochter des ersten bayerischen Königs Maximilian I. Joseph von Bayern, führte das Anwesen auch nach seinem Tod weiterhin nach seinen Wünschen und Vorstellungen, jedoch verstarb sie 1851. Da seitens der Töchter kein Interesse am Palais bestand und nur ein Jahr danach auch der Sohn und Erbe Herzog Maximilian starb, gelangte es in den Besitz der Wittelsbacher. Die Witwe des Herzogs verkaufte das Gebäude an Prinz Luitpold von Bayern. Nach Ablösung der bayerischen Monarchie durch die Republik wurde der Erhalt ein wirtschaftliches Problem für die Wittelsbacher, weshalb 1922 die Stallungen und Remisen für gewerbliche Zwecke genutzt wurden. Nach mehreren Luftangriffen während des Zweiten Weltkriegs brannte das Palais schließlich 1944 vollständig aus, jedoch blieb das Mauerwerk größtenteils erhalten. Leider erfolgte keine Sicherung der intakten Fassadenmauern, weshalb das größte und wohl schönste klassizistische Adelspalais Münchens immer weiter verfiel. In der Folge wurde 1961 die Entscheidung getroffen, die Ruine komplett abzubrechen. Dafür entstand 1963 bis 1966 – ohne Rücksichtnahme auf die ursprünglichen Grundrisspläne Klenzes – ein Neubau mit rekonstruierter Originalfassade für das Bayerische Staatsministerium der Finanzen.

Links: Palais Leuchtenberg von der Ludwigstraße aus gesehen.
Unten: Eingangsportal mit original erhaltenem Säulenportikus und Balkon an der Südseite des Palais Leuchtenberg.
Oben: Scheitelstein am südlichen Portal.

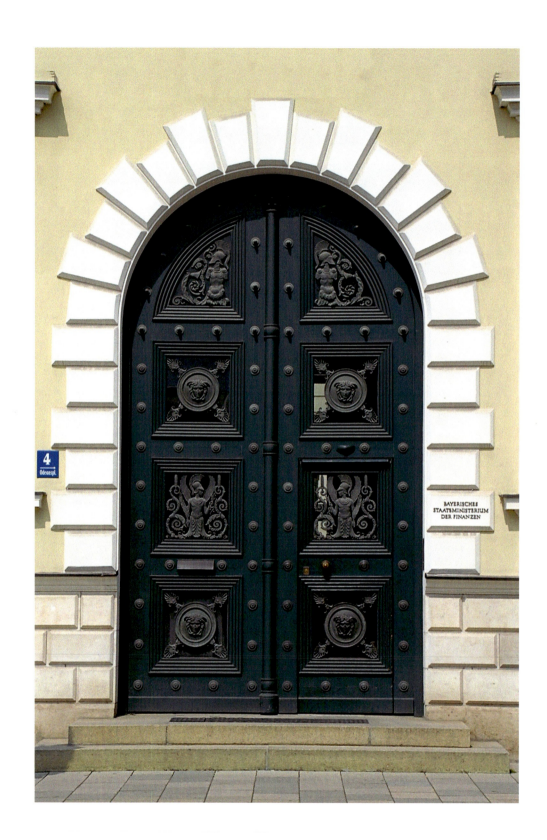

Innenhof im Palais Leuchtenberg mit Isarnixenbrunnen, geschaffen 1968 von Ernst Andreas Rauch.

Links: Östliches Portal am Palais Leuchtenberg.

LUDWIGSTRASSE 1 (EHEMALS ODEONSPLATZ 5)

Als nördlichen Abschluss des Odeonsplatzes errichtete Leo von Klenze 1817 bis 1818 zwei Wohnhäuser, die er mit einer einheitlich gestalteten Palastfassade ausstattet und so zu einer kompakten Gebäudeeinheit (heute Ludwigstraße 1) zusammenfasste. Das Areal ehemals Odeonsplatz 5 erwarb der königliche Rat von Hampel. Es grenzte direkt an das zu diesem Zeitpunkt im Bau befindliche Palais Leuchtenberg (siehe S. 34) an. Das Grundstück Ludwigstraße 1 war im Besitz des Generalsekretärs und Ministerialrats des Inneren Franz von Kobell. Um ein möglichst geschossenes und monumentales Erscheinungsbild für den Platz zu erreichen, entwarf Klenze für beiden Wohnhäuser eine vereinfachte Version der Fassade des Palais Leuchtenberg, mit jeweils einem Zugang am Odeonsplatz 5 und einem an der Ludwigstraße 1 (siehe S. 51). Nach den Zerstörungen des Zweiten Weltkriegs wurde im Zuge des Wiederaufbaus das Innere den neuen Erfordernissen angepasst, es dient heute – wie das Palais Leuchtenberg – dem Bayerischen Finanzministerium als Verwaltungssitz. Die Fassade entspricht weitegehend der ursprünglichen Form, nur an Stelle des Tores und des von Klenze aus symmetrischen Gründen gesetzten Scheintores sind heute Fenster eingesetzt.

Eckgebäude Odeonsplatz/Ludwigstraße 1, heute nur mit einem einzigen Eingang an der Ludwigstraße.

ODEONSPLATZ 6–18
DAS EHEMALIGE BAZARGEBÄUDE

Nach Abbruch des ehemaligen Turniergebäudes entstand zwischen 1825 und 1826 das erste Münchner Kaufhaus, das sogenannte Bazargebäude, nach Plänen von Leo von Klenze. Das zweistöckige Gebäude mit einem dreistöckigen Mittelteil wurde von Bankier Simon Freiherr von Eichthal finanziert, ausführender Baumeister war Ulrich Himbsel. Der Bazar beherbergte – neben den elf aneinandergereihten Ladengeschäften mit einem Arkadengang an der Ostseite –, im nördlichen Pavillon eine Gastwirtschaft und den Kunstverein. Die Erhöhung der Eckgebäude um ein Stockwerk erfolgte erst von 1854 bis 1856. Jeweils zwei Arkaden gehören zu einem der 13 Geschäfte, deren Wohnräume im Obergeschoss über eine Wendeltreppe zu erreichen sind. Im südlichen Eckpavillon eröffnete 1831 das Hofgartencafé wieder, das bereits vor 1821 außerhalb der Stadtbefestigung existierte. Luigi Tambosi pachtete das Café, 1831 erwarb er es, drei weitere Generationen betrieben es erfolgreich. 1920 übernahm Anna Annast, geb. Pscherr, das Café. Die Annasts verkauften es 1964 an Friedrich Jahn. Nach mehrmaligem Wechsel der Pächter wurde es 1970 geschlossen und erst 1997 unter dem Namen »Luigi Tambosi« wiedereröffnet. 2017 wechselte erneut der Betreiber. Im Zweiten Weltkrieg weitgehend zerstört, wurde das Gebäude bis 1949 wieder aufgebaut. Für das Innere gab es veränderte Bedürfnisse, so wurden unter anderem Räume zusammengefasst (zum Beispiel Einbau des »Film-Casinos«). 1956 teilweiser Abbruch des Mittelbaus im Auftrag der Nordstern Versicherungs AG, anschließend mit Rekonstruktion der Fassade wieder errichtet.

Das sogenannte Bazargebäude an der östlichen Seite der Ludwigtraße.

WESTLICHES HOFGARTENTOR

Die Bauarbeiten zum ersten Bauwerk Leo von Klenzes in München begannen im August 1816 und endeten erst mit der Anbringung des von Klenze entworfenen Skulpturenschmucks im August 1818. Die vier Genien in den Bogenzwickeln sind durch ihre Attribute als Allegorien des Kriegswesens, der Landwirtschaft, der Kunst und der Wissenschaft zu verstehen. Sie wurden von Johann Baptist Stiglmaier modelliert und von Glockengießer Nikolaus Regnault ausgeführt. Auf dem Dach des Torbogens stehen vier Trophäen mit römischen Rüstungen, die Helme waren ursprünglich vergoldet. Diese entwarf Franz Jakob Schwanthaler, der Vater von Ludwig von Schwanthaler. Die im Verhältnis geringen Kriegsschäden wurden notdürftig beseitigt. Durch einen Blitzeinschlag am westlichen Hofgartentor im Juni 2015 geriet dessen Dachstuhl in Brand. Mit der Reparatur des Dachs begann zeitgleich eine lang geplante, umfassende Generalsanierung zusammen mit den angeschlossenen Arkaden.

Das zur Theatinerkirche hin ausgerichtete westliche Hofgartentor mit Blick in den Hofgarten.

Bleigusstrophäe mit römischer Rüstung auf dem Dach des westlichen Hofgartentors.

Initialen von König Maximilian I. Joseph von Bayern am westlichen Hofgartentor.

Genie mit Sichel und Ähre als Allegorie der Landwirtschaft
in einem Bogenzwickel des westlichen Hofgartentors.

WESTLICHE HOFGARTENARKADEN

Der südwestliche, an die Residenz anschließende Bereich der Hofgartenarkaden, erhielt von 1826 bis 1829 eine Bemalung mit Fresken zur Geschichte der Wittelsbacher unter der Leitung des Historienmalers Peter von Cornelius. Nachdem er selbst durch Arbeiten in der Glyptothek gebunden war, ließ er den Auftrag in den Hofgartenarkaden durch seine zumeist noch jungen Schüler ausführen, was Leo von Klenze durchaus kritisch bemängelte. König Ludwig I. aber schwärmte von iesem Freskenzyklus. Er war davon überzeugt, dass »Darstellungen aus der vaterländischen Geschichte auf das Volk wirken und ins Leben gehen«. Die Historienmalerei sah er als »wahres Bildungsmittel für das Volk«. Im Laufe der Zeit wurden die Fresken mehrfach übermalt, im Zweiten Weltkrieg stark beschädigt und danach nochmals erneuert. Eine weitere grundlegende Restaurierung erfolgte zuletzt 2016.

Wandfresken in den westlichen Hofgartenarkaden.

Plan der Wandfresken in den westlichen Hofarkaden.

Torfresko (a): Bavaria mit Schild »Gerecht und Beharrlich«, Entwurf Wilhelm von Kaulbach, Ausführung Johann Georg Hiltensperger und Philipp von Foltz.
Torfresko (b): Allegorien »Rhein und Donau«, Entwurf und Ausführung Wilhelm von Kaulbach.
Torfresko (c): Allegorien »Isar und Main«, Entwurf und Ausführung Wilhelm von Kaulbach.

Fresko (1): »Befreyung des teutschen Heeres im Engpass von Chiusa durch Otto den Großen von Wittelsbach 1155«, Entwurf und Ausführung Ernst Förster, Foto Willhalm Gerhard.l **Fresko (2):** »Pfalzgrafs Otto von Wittelsbach Belehnung mit dem Herzogthum Bayern 1180«, Entwurf und Ausführung Clemens Zimmermann, Foto Willhalm Gerhard. l **Fresko (3):** »Vermählung Otto des Erlauchten mit Agnes, Pfalzgräfin bei Rhein 1225«, Entwurf und Ausführung Wilhelm Röckel, Foto Willhalm Gerhard. l **Fresko (4):** »Einsturz der Innbrücke bey Mühldorf mit den darüber fliehenden Böhmen 1258«, Entwurf und Ausführung Karl Stürmer, Foto Willhalm Gerhard.

Fresko (5): »Sieg Ludwigs des Bayern bey Ampfing 1322«, Entwurf und Ausführung Carl Heinrich Hermann, Foto Willhalm Gerhard.l **Fresko (6):** »Ludwig des Bayern Kaiser Krönung zu Rom 1328«; Entwurf und Ausführung Hermann Stilke, Foto Willhalm Gerhard. l **Fresko (7):** »ayerns Herzog Albrecht III. schlägt Böhmens Krone aus 1440«, Entwurf undAusführung Johann Georg Hiltensperger, Foto Willhalm Gerhard. l **Fresko (8):** »Herzog Ludwig des Reichen Sieg bei Giengen 1462«, Entwurf und Ausführung Wilhelm Lindenschmidt d. Ä., Foto Willhalm Gerhard.

Fresko (9): »Herzog Albrecht IV. gründet das Recht der Erstgeburt zu der Regentenfolge Bayerns 1506«, Entwurf und Ausführung Philipp Schilgen und Philipp von Foltz, Foto Willhalm Gerhard. | **Fresko (10):** »Der Cöllnischen Burg Godesburg Erstürmung durch die Bayern 1583«, Ausführung Gottlieb Gassen, Foto Willhalm Gerhard. | **Fresko (11):** »Maximilian I. Herzogs von Bayern Erhebung zum Kurfürsten 1623«; Entwurf und Ausführung Adam Eberle, Foto Willhalm Gerhard. | **Fresko (12):** »Chur Fürst Maximilian Emanuel erstürmt Belgrad 1688«; Entwurf und Ausführung Karl Stürmer, Foto Willhalm Gerhard.

Fresko (13): »Bayern erstürmen eine türkische Verschanzung vor Belgrad im Jahre 1717«, Entwurf und Ausführung Dietrich Monten. I Fresko (14): »Maximilian Joseph III. stiftet die Academie der Wissenschaften im Jahre 1759« (Supraporte), Entwurf und Ausführung Philipp von Foltz, Foto Willhalm Gerhard. I Fresko (16): »König Maximilian I. gibt seinem Volk die Verfassungsurkunde 1818«, Entwurf und Ausführung Dietrich Monten.

Quellnymphenbrunnen östlich
vor den Hofgartenarkaden,
1852 von Ferdinand von Miller
nach einem Entwurf von Ludwig
von Schwanthaler gegossen.
Nach Kriegsschäden von der
Kunstgießerei Hans Mayr wieder
hergestellt und 1962 enthüllt.

LUDWIGSTRASSE 1

Das Wohnhaus für den Generalsekretär und Ministerialrat Franz von Kobell – Vater des Mineralogen und Schriftstellers Franz von Kobell, der die legendäre literarische Figur des Brandner Kaspar geschaffen hat – wurde nach Plänen von Leo von Klenze 1817 bis 1818 von Baumeister und Ziegeleibesitzer Joseph Höchl erbaut. Das Eckhaus setzte sich ursprünglich aus zwei Wohnhäusern (ehemals Odeonsplatz 5, siehe S. 38) und Ludwigstraße 1 zusammen, für die Klenze separate Eingänge, aber eine gemeinsame Fassade entwarf. Mit diesem Gebäude konzipierte Klenze einen an italienischen Stadthäusern der Hochrenaissance orientierten Prototypen. Das Haus wurde 1912 zusammen mit Ludwigstraße 3 (siehe S. 56) durch Architekt Karl Stöhr für die Bayerische Notenbank zum Bürogebäude umgebaut. Im Zweiten Weltkrieg blieb das Haus weitestgehend unbeschädigt und wurde vom bayerische Staat übernommen. Zusammen mit Haus Nr. 3 ist es heute Teil des Bayerischen Finanzministeriums.

Ludwigstraße 1–9: Die geschlossene Häuserzeile erschien Kronprinz Ludwig zu kleinteilig. Für künftige Bauten seiner Prachtstraße wünschte er ausschließlich Monumentalpaläste.

Odeonsplatz: Reiterstandbild König Ludwig I. nach einem Entwurf von Ludwig von Schwanthaler, ausgeführt durch Max von Widnmann 1857 bis 1862. Links im Hintergrund das Palais Leuchtenberg, rechts das Wohnhaus Ludwigstraße 1 (ehemals Odeonsplatz 5).

LUDWIGSTRASSE 2

Ursprünglich standen hier die Wohn- und Geschäftshäuser er Ludwigstraße 28, 29, 30 und 31. Auch hier wurden alle Gebäude nach Plänen von Leo von Klenze erbaut. Das Mietshaus Nr. 31, Ecke Galeriestraße, entstand zwischen 1820 und 1822 für Baumeister Rudolf Röschenauer. 1826 ging es in den Besitz des bayerischen Staats über und war seit 1865 Sitz des Bayerischen Ministeriums der Finanzen, für Landesentwicklung und Heimat. Bauherr des Hauses Nr. 30 war der Schlossermeister Korbinian Mayr, erbaut wurde es von 1820 bis 1821. Haus Nr. 29 wurde 1825 bis 1826 als ein viergeschossiges Haus errichtet. Haus Nr. 28 war ein viergeschossiger Eckbau, der ab 1875 der Preußischen Bank gehörte. 1937 waren alle vier Häuser im Besitz des bayerischen Staats. Zur Verbreiterung der Von-der-Tann-Straße wurden sie abgerissen. Nach Plänen von Ministerialrat Fritz Gablonsky wurde dafür ein Großbau errichtet, ein im Verhältnis grobes Bauwerk. Der Neubau nahm 1942 die Staatskanzlei, das Finanz- und das Innenministerium auf. 1943 entstand ein unterirdischer Bunker, errichtet als »Befehlsstelle Zentralministerium«. Hier verschanzten sich in den letzten Tagen des Zweiten Weltkriegs die führenden bayerischen Nationalsozialisten. Zwischen 1943 und 1944 entstanden bei Luftangriffen erhebliche Schäden. Im April 1945 beschlagnahmte die US-Militärregierung das Gebäude. Seit 1958 ist es der Sitz des Bayerischen Staatsministeriums für Ernährung, Landwirtschaft und Forsten. Der Schmuckhof erhielt 1961 den Blütenkelchbrunnen aus Bronze (siehe S. 54/55) nach einem Entwurf von Joseph Wackerle ausgeführt durch den Bildhauer Prof. Ernst Andreas Rauch.

Gebäudekomplex Ludwigstraße 2/Ecke Galeriestraße.

Blütenkelchbrunnen von Ernst Andreas Rauch.

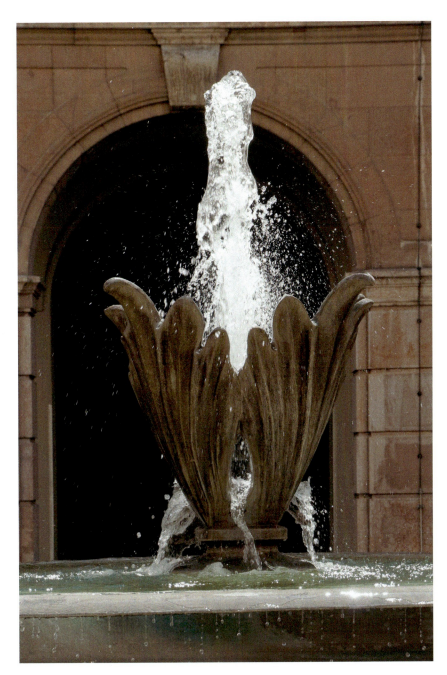

LUDWIGSTRASSE 3

Das Wohnhaus für den aus dem bretonischen Rennes stammenden königlichen Hofdekorateur und Baurat Jean Baptist Métivier wurde 1825 bis 1826 erbaut, durfte aber nicht von diesem selbst geplant werden. Wie alle anderen war auch er – obwohl enger Mitarbeiter Klenzes – an dessen Entwurf und an des Königs Genehmigung gebunden. Der Rückflügel wurde 1912 durch Architekt Karl Stöhr umgebaut. Im Zweiten Weltkrieg brannte das Wohnhaus aus, sein Wiederaufbau nach 1945 erfolgte mit annähernd ursprünglicher Fassade. Dabei wurde jedoch in das harmonische Gesamtkonzept empfindlich störender Weise das Eingangsportal aus der Mitte um eine Achse versetzt sowie der Säulenbalkon beseitigt. Heute ist die Ludwigstraße 3 Teil des Bayerischen Finanzministeriums.

LUDWIGSTRASSE 5

Das ehemalige Wohnhaus wurde 1821 bis 1822 nach Plänen Leo von Klenzes für den Schneidermeister und königlichen Kleidermacher Joseph Gampenrieder erbaut. Das Gebäude erlitt erhebliche Schäden im Zweiten Weltkrieg, das Innere wurde durch einen Brand zerstört, die Fassade blieb jedoch erhalten. Beim Wiederaufbau beseitigte man leider einen Balkon mit Eisengeländer im Mittelteil des Piano nobiles – einst in wichtiges Statussymbol für ein herrschaftliches Palais des Adels –, ansonsten steht das Gebäude wieder originaletreu. Auch dieses Gebäude ist heute Teil des Bayerischen Finanzministeriums.

Portal Ludwigstraße 5 und
Fenster des Piano nobiles
mit Terracottadekor.

LUDWIGSTRASSE 6, 8, 10 – DER »HASLAUER-BLOCK«

Hinter der einheitlichen Fassade des sogenannten Haslauer-Blocks sind drei Häuser zusammengefasst. Damit hat sich Leo von Klenze auch bei diesem ersten Gebäude in der mittleren Ludwigstraße dem Monumentaldenken von König Ludwig I. untergeordnet. Bauherr des nach florentinischen Palazzo-Vorbildern der Frührenaissance 1826/27 errichteten Komplexes war der Bierbrauer und Wirt Georg Haslauer. Bereits 1828 veräußerte er die drei Häuser getrennt. Den Mittelteil erwarb Bäckermeister Jakob Frühwein. 1944 zerstörten Bomben das Gebäude voll-

ständig. Die Ruinenreste wurden abgeräumt und auf dem Grundstück entstand ein Verkaufsplatz für gebrauchte Autos. Dr. Hermann Hartlaub kaufte das Gelände und ließ von 1960 bis 1968 das Gebäude mit einer annähernd originalen Fassade von Architekt Erwin Schleich als Wohn-, Büro- und Geschäftshaus mit Innenhöfen und Passagen wieder aufbauen. Bei einem Umbau 2010 bis 2014 wurde der denkmalsgeschützte Gebäudekomplex zu einem Bürohaus mit Einzelhandelsnutzung. Es wird seitdem unter der Bezeichnung »Ludwigpalais« geführt.

Der 66 Meter lange, uniform gestaltete »Haslauer-Block« an der Ecke Ludwigstraße/Von-der-Tann-Straße – ein mächtiges Pendant zum gegenüberliegenden ehemaligen Herzog-Max-Palais.

Die pompejanisch-rote Wandbemalung im Kranzgesims ist nicht nachweisbar
im ursprünglichen Konzept Leo von Klenzes enthalten.

Passage im »Haslauer-Block« mit
Herkules-Brunnen nach einem Entwurf
von Emil Krieger (1962).

LUDWIGSTRASSE 7

Die Fassade des ehemaligen Wohn- und Geschäftshauses für den Cafetier Friedrich Paul Schröfl wurde nach einem Plan Leo von Klenzes im Jahr 1823 ausgeführt. Zunächst hatte der Architekt hier eine »römische« Fassade mit Pilastergliederung in den Obergeschosen vorgesehen, aber dann orientierte er sich doch – wie seit 1820 generell in der Ludwigstraße – an florentinischen Palastvorbildern mit ihrem typischen Rundbogenstil und einer durchgehenden, kräftigen Rustikafassade. Brandbomben des Zweiten Weltkriegs zerstörten bei Luftangriffen 1944 das Gebäudeinnere. Der Wiederaufbau erfolgte mit der Restaurierung der erhaltenen Fassade. Es ist heute ein Büro- und Geschäftshaus im Besitz der Allianz Real Estate.

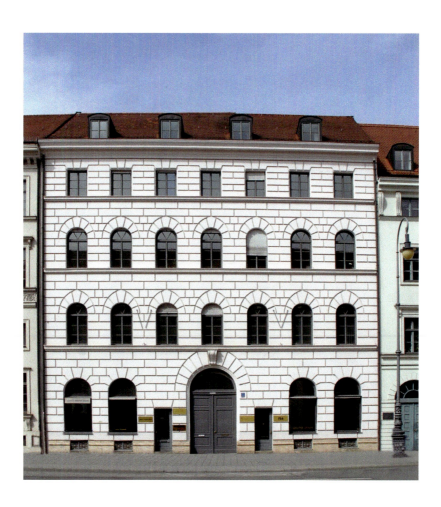

LUDWIGSTRASSE 9

Das ehemalige Wohnhaus wurde 1818 bis 1819 nach Plänen Leo von Klenzes von Baumeister Joseph Höchl für den Cafetier Friedrich Paul Schröfl erbaut, der sich fünf Jahre später in direkter Nachbarschaft ein weiteres Wohnhaus in der Ludwigstraße leisten sollte (siehe S. 62). Für Klenze untypisch ist bei dieser Fassadenkonzipierung die assymetrische Gestaltung der Erdgeschosszone, was wahrscheinlich dem Wunsch des Bauherrn nach einer Nutzung als Cafe geschuldet war. Nach schweren Bombenschäden im Zweiten Weltkrieg erfolgte ein Wiederaufbau des Gebäudes durch die Allianz-Versicherung. Die Fassade wurde dabei weitgehend originalgetreu erhalten. Heute befindet sich hier ein Teil des Bayerischen Staatsministeriums des Inneren.

Profiliertes Traufgesims (oben)
und Bogentor, Ludwigstraße 9.

Das bereits 1823 von Leo von Klenze entworfene Wohn- und Geschäftshaus, konnte erst in den Jahren 1829 bis 1830 von Baumeister Rudolf Röschenauer errichtet werden. Bauherr war – wie bei weiteren vier Immobilienobjekten in der Ludwigstraße – der königliche Schlossermeister Korbinian Mayer, der das Gebäude als Renditeobjekt erwarb. Das Haus im Stil römischer Palazzi, mit einer Bandrustika im Erdgeschoss und architravierten Bogenfenstern in den beiden Obergeschossen wechselte mehrmals den Besitzer bis es 1918 von Oskar Leser erworben wurde. Seitdem ist es im Besitz der Familie. Bombenangriffe während des Zweiten Weltkriegs zerstörten das Innere des Gebäudes. Der Wiederaufbau erfolgte 1956 bis 1957 durch den Architekten Josef Wiedemann im Auftrag des Besitzers Oskar Leser. Das nördliche Nachbarhaus, ursprünglich Haus Nr. 7, ein prächtiger Palast, hat den Krieg mit nur kleineren Schäden überstanden. Die geplante Straßenverbreiterung (Oskar-von-Miller-Ring) war der Grund, warum man auf einen Wiederaufbau verzichtete. Lediglich zwei Achsen blieben erhalten und wurden als nördliche Erweiterung in das Hauses Nr. 11 mit gleicher Fassade eingebaut. Dieses Vorgehen ist an der unsymmetrischen Fassade deutlich erkennbar, bei der der mächtige Torbogen nicht mehr den Mittelpunkt des Gebäudes markiert. Nr. 11 ist eines der beiden letzten Privathäuser der Ludwigstraße und wird heute als Büro- und Geschäftshaus mit einem Café im Erdgeschoss genutzt. Im Hof steht der Brunnen »Windspiel« von Prof. Hans Wimmer aus dem Jahr 1957 (siehe Abb. unten).

Die Ocker-Fassade Ludwigstraße 11, an der Ecke Ludwigstraße/Oskar-von Miller-Ring.

LUDWIGSTRASSE 13 –
DAS HERZOG-MAX-PALAIS

Ehemals befand sich an dieser Stelle eines der schönsten Palais Münchens, erbaut 1828 bis 1831 für Herzog Max in Bayern nach Plänen von Leo von Klenze. Es war sein Meisterwerk und neben der Planung und Errichtung des Gebäudes stand auch der gesamte Innenausbau, die Dekoration und die Möblierung unter seiner Leitung. Mehrere namhafte Münchner Künstler wie Wilhelm von Kaulbach oder Ludwig von Schwanthaler waren bei der künstlerischen Ausgestaltung aktiv. Nach dem Tod von Herzog Max in Bayern im Jahr 1888 gab sein Sohn Herzog Carl Theodor einige Renovierungen in Auftrag, die dringend notwendig geworden waren. Als Carl Theodor 1909 starb, vermietete dessen Sohn Herzog Ludwig Wilhelm aufgrund finanzieller Schwierigkeiten den Wirtschaftstrakt des Palais, der zu mehreren Wohnungen umgebaut wurde. 1921 mietete die Deutsche Bank die ehemaligen Privatgemächer von Herzog Max. Am 14. Juni 1937 kaufte das klassizistische Juwel die Reichsbank. Ende März 1938 bereiteten die Abrissbirnen auf Veranlassung der Nationalsozialisten dem Klenze-Prachtbau ein Ende, nur wenige Teile der kostbaren Innenausstattung konnten gerettet werden. Noch im selben Jahr war die Grundsteinlegung für den Neubau eines entsprechend kleineren, neoklassizistischen Gebäudes nach Plänen von Heinrich

Wolf für die Reichsbank. Jedoch musste der Bau ab 1941 kriegsbedingt ruhen. Erst zwischen 1949 und 1951 wurde das Gebäude nach den modifizierten Plänen Carl Sattlers als Hauptstelle der Landeszentralbank von Bayern vollendet. Heute ist es Sitz der Hauptverwaltung München der Deutschen Bundesbank. Nur noch eine Gedenktafel erinnert an Leo von Klenzes Meisterwerk. Eine weitere Gedenktafel an der Fassade erinnert an »Sisi«, die spätere Kaiserin Elisabeth von Österreich, die hier im Palais ihrer Eltern geboren wurde. Den Mittelbalkon des Neubaus tragen drei Männerfiguren, die aus den Schlusssteinen der Fensterbögen hervorwachsen (Fortuna mit Füllhorn, Bauer mit Ähren, Handwerker mit Hammer), gefertigt von Architekturbildhauer Joseph Wackerle. Sie symbolisieren die fruchtbringende menschliche Arbeit (siehe Abb. S. 71). Teilstücke des aus dem Herzog-Max-Palais größtenteils erhaltenen Bacchusfrieses von Ludwig von Schwanthaler wurden von Prof. Theodor Georgii restauriert und in der Eingangshalle der Bank (siehe Abb. S. 70f.) wieder eingesetzt. Der Parkettboden aus dem Herzog-Max-Palais, nach einem Entwurf von Leo von Klenze, befindet sich heute unter anderem im Vorraum zum Konferenzraum der Bank. Die Wände sind dem Stil des Herzog-Max-Palais nachempfunden.

LANDESZENTRALBANK
IM FREISTAAT BAYERN
Erbaut 1948 - 1951 von Carl Sattler
anstelle des ehemaligen
HERZOG-MAX-PALAIS
Erbaut 1828 - 1830 von Leo von Klenze

Links: Hauptfront Ludwigstraße 13
Rechts: Plastischem Figurenschmuck von Josef Wackerle.

Eingangshalle Ludwigstraße 13 mit Bacchusfries von Ludwig von Schwanthaler.

Details aus dem Bacchusfries von Ludwig Schwanthaler.

Links: Vorraum zu einem Besprechungszimmer im ersten Stock, Ludwigstraße 13,
mit Originalparkett aus dem ehemaligen Herzog-Max-Palais.
Rechts: Büste der Kaiserin Elisabeth von Österreich.

LUDWIGSTRASSE 14 –
DAS EHEMALIGE KRIEGSMINISTERIUM

1822 bis 1830 entstand nach Plänen von Leo von Klenze das ehemalige Kriegsministerium im mittleren Abschnitt der Ludwigstraße. Es ist der einzige öffentliche Bau der Prachtstraße neben dem Bazar (siehe S. 39) und dem Odeon (siehe S. 32). Der Gebäudekomplex ist 77 Meter lang und mit einem dreistöckigen, vorspringenden Mittelteil ausgestattet, dessen Arkaden in den Bogenzwickeln mit Trophäenreliefs von Johann Nepomuk Eichinger tragen. Nach dem Ersten Weltkrieg war hier der Sitz des Generalkommandos des VII.

Armeekorps und in der NS-Zeit des Wehrkreiskommandos VI. Nach schweren Bombenschäden im Zweiten Weltkrieg wurde das Gebäude 1964 bis 1967 im klassizistischen Stil wieder aufgebaut. Das Säulenportal sowie das Vestibül, ein Zentralraum mit toskanischen Kalksteinsäulen, sind noch original. Der Komplex wird heute als staatliches Archivgebäude vom Bayerischen Hauptstaatsarchiv, dem Staatsarchiv München und dem Institut für Bayerische Geschichte der Ludwig-Maximilians-Universität genutzt.

Ludwigstraße 14, rechts davon die Schönfeldstraße mit dem Haslauer-Block«.

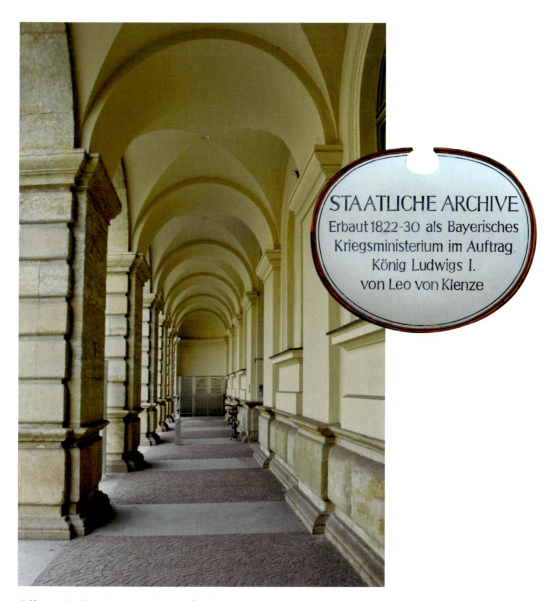

STAATLICHE ARCHIVE
Erbaut 1822-30 als Bayerisches
Kriegsministerium im Auftrag.
König Ludwigs I.
von Leo von Klenze

Offene Arkaden in der Ludwigstraße 14.

Trophäenreliefs, vermutlich nach Entwürfen von Leo von Klenze von Johann Nepomuk Eichinger, weisen auf die ehemals militärische Nutzung des Gebäudes hin.

Rundbogenfenster im Obergeschoss gefasst von reich profilierten Gurtgesimsen, Ludwigstraße 14.

LUDWIGSTRASSE 15, 17, 19

1829 bis 1830 errichtete Maurermeister und Bauunternehmer Joseph Höchl nach den Fassadenplänen von Leo von Klenze die beiden Wohnhäuser Nr. 15 und 17. Mit einem zeitlichen Abstand baute Joseph Höchl auch das Haus Nr. 19. Im Gegensatz zum »Haslauer-Block« (siehe S. 59) gab Klenze den drei Häusern hier nicht eine gemeinsame vorgeblendete Fassade. Erstmals verwendete Klenze beim Bau von Wohnhäusern Tondi als Fassadenschmuck. Das Haus Nr. 15 gehörte um 1850 dem Geheimrat Dr. med. Ph. Freiherrn von Walther. Haus Nr. 17 schuf Joseph Höchl für sich selbst, noch 1850 gehörte es seiner Witwe. Später war in beiden Häusern der Sitz der Süddeutschen Bodenkreditbank. Seit 1979 ist es Sitz des Bayerischen Landessozialgerichts. Haus Nr. 19 war um 1850 im Besitz des Zentralimpfarztes Dr. M. Reiter. Heute ist es eines der letzten Häuser der Ludwigstraße in Privatbesitz, deshalb sind auch die inneren Strukturen weitgehend original erhalten. Im Zweiten Weltkrieg wurden die drei Gebäude unterschiedlich stark zerstört, das Mittelhaus Nr. 17 am meisten, dort blieb nur die Fassade erhalten. Beim Wiederaufbau gelang es, die Fassade der gesamten Häuserzeile in der ursprünglichen Form zu rekonstruieren. Die Durchfahrt der Ludwigstraße 19 erhielt 1972 die ursprüngliche Farbgebung.

Rheinbergerstraße/Ecke Ludwigstraße mit den Hausnummern 15, 17 und 19.

Oben: Torbogeneinfahrt
Ludwigstraße 19.
Links: Ludwigstraße 17.

Relieftondi,
Ludwigstraße 17, im
ersten Obergeschoss,
mit Blumen und
Sternmotiven.

Porträttondi,
Ludwigstraße 17
im zweiten
Obergeschoss:
Andrea Palladio und
Leonardo da Vinci.

Porträttondi,
Ludwigstraße 17
im zweiten
Obergeschoss:
Buonarroti Michelangelo
und Giovanni di Bartolo.

Porträttondi,
Ludwigstraße 17
im zweiten
Obergeschoss: Donato
Bramante und Giovanni
Battista Tiepolo.

Das Gebäude der Bayerische Staatsbibliothek wurde 1832 bis 1843 von Friedrich von Gärtner erbaut. Die von Herzog Albrecht V. 1558 gegründete Hofbibliothek war an wechselnden Orten untergebracht, zuletzt im ehemaligen Jesuitenkolleg (Alte Akademie) in der Neuhauser Straße 8. Die Zahl der Buchbestände stieg, nicht zuletzt aufgrund der Säkularisation, so gewaltig an, dass ein Neubau unumgänglich war. Bereits 1827 erhielt Friedrich von Gärtner von König Ludwig I. den Auftrag zur Planung eines repräsentativen Gebäudes für die Bibliothek. 1832 begannen die Bauarbeiten an dem mächtigen Komplex, der um zwei Innenhöfe gruppiert wurde. Er gilt als größter Blankziegelbau Deutschlands. Den Rundbogenportalen vorgelagert ist eine Freitreppe mit überlebensgroßen Sitzfiguren griechischer Gelehrter. Die von Ludwig von Schwanthaler modellierten Figuren wurden bis 1839 von Ernst Mayer und Francesco Sanguinetti in Marmor ausgeführt. Heute ersetzen Kopien die Originale, die sich seit 1964 im Garten der Grundschule in Bernau am Chiemsee befinden. Der Mitteltrakt mit der Prunktreppe wurde als letzter Bauteil erst 1843 vollendet. Die großzügig-prunkvolle Haupttreppe im Inneren war zur Regierungszeit von Ludwig I. allein dem König vorbehalten. Beidseitig des Eingangs im ersten Stock wurden 1844 zwei überlebensgroße Weißmarmorstatuen der Bibliotheksgründer Herzog Albrecht V. und König Ludwig I. nach Schwanthaler-Modellen aufgestellt. Der sechs Monate dauernde Umzug war im Oktober 1843 abgeschlossen. Bei Luftangriffen im Zweiten Weltkrieg ab dem März 1943 zerstörten Spreng-, Brand- und Phosphorbomben 85 Prozent des Gebäudes. Obwohl ein Teil der Buchbestände vorher ausgelagert worden war, wurden 500 000 Bände vernichtet. Beim Wiederaufbau, begonnen 1946, stellte man den äußeren Ursprungszustand wieder her. Im Inneren wurde eine Anpassung an moderne Bedürfnisse notwendig, einschließlich eines an den Ostflügel angefügten Erweiterungsbaus aus Holz und Stahl. 2007 erfolgte eine Sanierung der Westfassade.

BAYERISCHE
STAATSBIBLIOTHEK
erbaut im Auftrag
König Ludwig I.
von Friedrich von Gärtner
1832 -1839

Freitreppe vor der Bayerischen Staatsbibliothek, Ludwigstraße 16.

Denkmale griechischer Gelehrter vor dem Eingangsportal Ludwigstraße 16:
Von links nach rechts: Hippokrates, Aristoteles, Thukydides, Homer.

Bayerische Staatsbibliothek mit Haupttreppenhaus und Galerie im ersten Stock, Ludwigstraße 16.

Überlebensgroße Weißmarmorstand-
bilder von König Ludwig I. (links) und
Herzog Albrecht V., nach Modellen
von Ludwig von Schwanthaler.

Fürstensaal im ersten Stock der Bayerischen Staatsbibliothek, Ludwigstraße 16.

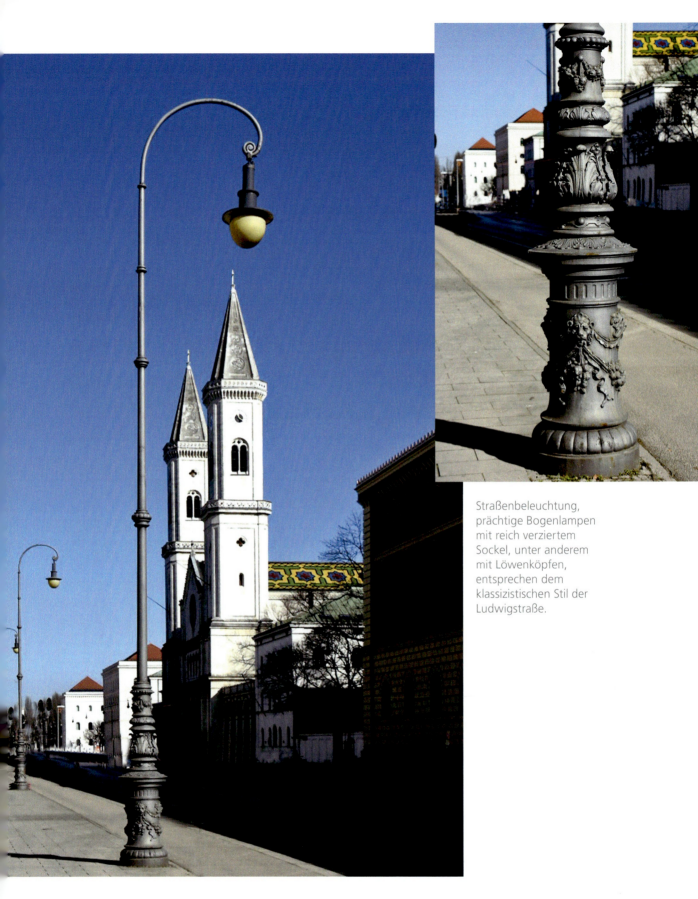

Straßenbeleuchtung, prächtige Bogenlampen mit reich verziertem Sockel, unter anderem mit Löwenköpfen, entsprechen dem klassizistischen Stil der Ludwigstraße.

LUDWIGSTRASSE 18

Das von Bauunternehmer Rudolf Röschenauer erbaute, anfänglich als großes Mietshaus angedachte Gebäude nach Plänen von Friedrich von Gärtner ist durch Arkaden mit der Front der Ludwigskirche (siehe S. 96ff.) verbunden. Bereits vor der Fertigstellung ging es in den Besitz Gärtners über, der das Innere für die Bedürfnisse seiner Familie umgestaltete. Er wohnte dort von Ende Mai 1839 bis zu seinem Tod am 21. April 1847. Nach dem Tod seiner Witwe wurde es 1852 an den Königlichen Kämmerer und General Baron von Planckh verkauft. Im Juli 1944 durch Bomben des Zweiten Weltkriegs völlig zerstört, wurde die Ruine später abgetragen. Von 1960 bis 1962 wieder aufgebaut, diente das Gebäude in äußerlich unveränderter Form als Sitz des Universitätsbauamts, heute Staatliches Bauamt München 2. Das architektonische Penadant zu diesem Gebäude befindet sich auf der anderen Seite der Ludwigskirche und dient als Pfarrhaus (siehe S. 112).

Die Entstehung der Pfarr- und Universitätskirche St. Ludwig war ein langwieriger Prozess, begleitet von heftigen Auseinandersetzungen des Königs mit der Stadtverwaltung. Die Pläne Friedrich von Gärtners mussten, nicht zuletzt um Kosten zu reduzieren, mehrmals geändert werden. Die Grundsteinlegung erfolgte am 25. August 1829, dem Festtag des Namenspatrons des Heiligen König Ludwig IX. von Frankreich. Die Weihe der Kirche am 8. September 1844 übernahm Erzbischof Lothar Anselm von Gebsattel. Prägend für die Ludwigskirche ist die breite Zweiturmfassade, flankiert von Arkaden und den abschließenden Gebäuden der Ludwigstraße 18 und 22. In den Nischen der Kirchenfassade befinden sich Figuren von Christus und den vier Evangelisten (siehe Abb. unten). Auf dem Fassadendach thronen die Figuren der Heiligen Peter und Paul, entworfen von Ludwig von Schwanthaler. Einen besonderen Stellenwert in der Ausschmückung der Kirche haben die im nazarenisch-romanischen Stil geprägten Fresken von Peter von Cornelius. Sie entstanden teilweise in eigenhändiger Ausführung zwischen 1836 und 1840. Im Mittelpunkt steht das kolossale Fresko »Jüngstes Gericht« an der Chorschlusswand (siehe Abb. S. 101). Es handelt sich um das zweitgrößte Altarfresko weltweit. Cornelius versuchte in Darstellung und Komposition eine zeitgemäße Formulierung des Themas zu finden. Nach Vollendung seiner Fresken kam es zum Zerwürfnis zwischen Ludwig I. und Cornelius, da diese dem König missfielen. Daraufhin verließ Peter Cornelius München und siedelte nach Berlin über. Die Kirche wurde durch die Luftangriffe schwer beschädigt, trotzdem ernannte die US-Besatzungsmacht sie bis 1949 zur Garnisonskirche. 1948 wurde das Dach schließlich abgedichtet. 1955 bis 1957 erfolgte durch die Architekten Erwin Schleich und Wilhelm Gärtner eine umfassende Instandsetzung. 2007 bis 2009 wurde das Kirchendach im ursprünglichen farbigen Mosaikmuster neu gedeckt. Weitere Renovierungsarbeiten waren 2009 bis 2010 erforderlich.

Figuren des Heiligen Peter (links) und des
Heiligen Paul auf dem Dach der Ludwigskirche.

Blick auf das Hauptschiff der Ludwigskirche mit einem Fresko von Peter von Cornelius am Hauptaltar.

Kanzel, nach einem Entwurf von
Friedrich von Gärtner

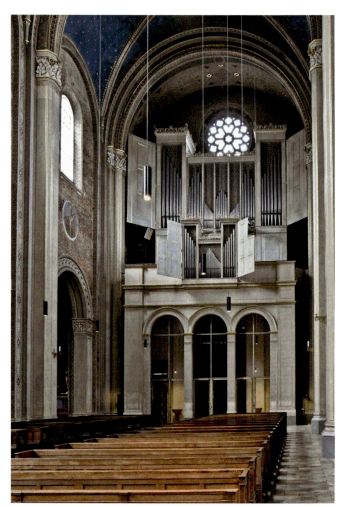

Orgelprospekt von Architekt
Erwin Schleich. Die Orgel mit
3800 Pfeifen wurde 1960 von
Rudolf von Beckerath gebaut.

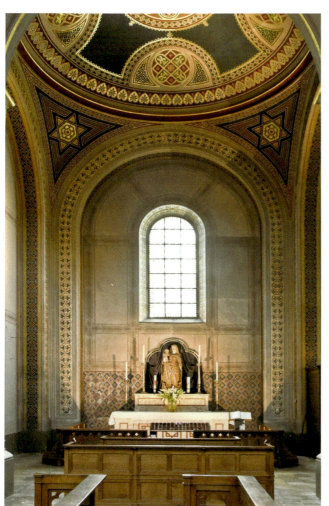

Seitenaltar mit sogenannter Schutzmantelmadonna, etwa 1480. In ihren Mantelfalten verbergen sich Kaiser und Papst schutzsuchend. Sie wird der Ulmer Schule zugeordnet und ist seit 1950 in St. Ludwig.

Taufkapelle mit einem
Taufstein von Anselm
Sickinger von 1840.

S: 106/109: Fresko an der Decke
des Vierungsgewölbes, Wirken des
Heiligen Geistes in der Gemeinschaft
der Heiligen dar.

Nördliches Seitenschiff mit Fresko des Heiligen Ludwig von Max Hailer.

Figurengruppe:
Heiliger Thaddäus,
Heiliger Antonius,
Heiliger Konrad,
eingelassen im
nördlichen Seitenschiff.

Beidseitig der Kirche wurden 1964 Gedenkbrunnen von Franz Mikorey für die beiden Architekten der Ludwigstraße aufgestellt. Links das bronzene Konterfei von Friedrich von Gärtner, rechts das von Leo von Klenze.

LUDWIGSTRASSE 21

Nach den Plänen von Leo von Klenze entstand 1829 ein Doppelwohnhaus für Kistlermeister Nikolaus Scherff. Mit einer Putzrustika komplett überzogen, ist es der letzte ausgeführte Bau Klenzes in der Ludwigstraße. Friedrich von Gärtner avancierte ab diesem Zeitpunkt zum favorisierten Architekten König Ludwigs I. 1911 errichteten Heilmann& Littmann sowie Joseph Wiedenhofer an dieser Stelle einen neuklassizistischen Neubau für die Bayerische Versiche-rungsbank, die 1923 durch die Allianz-Versicherung über-nommen wurde. Für einen Erweiterungsbau 1937 bis 1938 mussten in der Theresienstraße fünf Mietshäuser, erbaut 1828, abgetragen werden. Im Zweiten Weltkrieg blieb das Gebäude unzerstört. Zwischen 1997 und 2002 kam es zur von der Allianz Immobilien GmbH in Auftrag gegebenen Generalsanierung, wobei das Innere weitgehend erneuert wurde. Heute ist es Sitz der Boston Consulting Group.

Oberer Gebäudeabschluss
Ludwigstraße 21 mit
einem Girlandenfries auf
pompejanisch-rotem Grund.

Löwenkopf über dem Portalscheitel
des Haupteingangs Ludwigstraße 21.

Viersäuliger Portalbalkon,
Ludwigstraße 21.

LUDWIGSTRASSE 22 –
DAS PFARRHAUS DER LUDWIGSKIRCHE

Das nach Plänen von Friedrich von Gärtner zeitgleich mit dem Bau der Ludwigskirche (1829 bis 1844) errichtete Gebäude ist der nördliche Abschluss der Baugruppe »Ludwigskirche«. Durch einen Arkadengang mit der Kirche verbunden, ist es ein Pendant zur Ludwigstraße 18, dem heutigen Staatlichen Bauamt München 2 (siehe S. 95). Die Außenfront entspricht dem ursprünglichen Zustand, das Innere wurde 1968 restauriert und zum Teil umgebaut.

Ludwigstraße 22, rechts die offenen Arkaden zur Ludwigskirche hinführend.

LUDWIGSTRASSE 23

Das frühere Damenstift nach Plänen von Gärtner entstand zwischen 1835 und 1839. Zur Finanzierung zog König Ludwig das Vermögen des Damenstifts (St. Anna, Damenstiftstraße) heran. Die anfänglich geplante Übersiedlung des Stifts in den Neubau unterblieb, es wurde ein reines Mietobjekt. Des Weiteren wurde der Königliche Zentralschulbücherverlag an der Finanzierung beteiligt, der nach Fertigstellung die Hälfte des Gebäudes bezog. Weiter wurden 24 Wohnungen geschaffen, die anfänglich für Minister und höhere Beamte vorgesehen waren. Von 1870 bis 1912 waren das Maximiliansgymnasium im Mittelbau und das Königliche Realgymnasium im Südteil untergebracht. Im Krieg erlitt das Gebäude schwere Schäden. Der Wiederaufbau durch das Landesbauamt erfolgte schrittweise von 1945 bis 1952. Seit 1951 ist es Sitz des Bayerischen Verwaltungsgerichtshofs. Eine umfassende Restaurierung erfolgte 1985, bei der auch das Innere bedarfsgerecht umgebaut wurde. 1998 war eine weitere Renovierung der Fassade erforderlich.

LUDWIGSTRASSE 23 – DAS RÜCKGEBÄUDE

1817 erwarb Schneidermeister Andreas Riederer das Grundstück, auf dem 1823 bis 1824, nach einem vom Maurermeister Franz Gießl erstellten Plan, das Wohnhaus erbaut wurde. Es ist das letzte erhaltenen klassizistische Gebäude der Ensembles der Ludwigstraße, ursprünglich gelegen an der früheren Schwabinger Landstraße. Nachdem das Haus in Staatsbesitz übergegangen war, wurde es zunächst als »Beamten-Töchter-Stift« und als Wohnhaus des Rektors des Maximiliansgymnasiums genutzt. Seit 1913 ist hier der Sitz des Bayerischen Landesvereins für Heimatpflege, der viele Räume untervermietete, so unter anderem von 1914 bis 1929 an einen Oberbayerischen Zweigverein des Roten Kreuzes, 1919 an den Isartal-Verein und 1924 vorübergehend an den Bund Naturschutz. Erst seit 1994 nutzt der Landesverein für Heimatpflege das Haus für sich allein.

LUDWIGSTRASSE 25 – DAS EHEMALIGE BLINDENINSTITUT

König Ludwig I. beauftragte Friedrich von Gärtner mit der Gestaltung dieses Gebäudes. Nach seinen Plänen entstand es 1833 bis 1837. Das 1836 gegründete Münchner Blindeninstitut, die heutige Landesblindenanstalt, bezog gleich nach Fertigstellung den Neubau. Die beiden romanischen Rundbogenportale erhielten Giebelfiguren nach Modellen von Konrad Eberhard, gefertigt von Francesco Sanguinetti. Am nördlichen Portal sind die Heilige Ottilia und Heilige Lucia, am südlichen der Heilige Benno und der Heilige Rupert dargestellt (siehe Abbildungen rechts). Im Zweiten Weltkrieg entstanden nur geringe Schäden entstanden am Gebäude. Es blieb weiterhin Sitz der Landesblindenanstalt bis zu ihrer Verlegung 1968 nach Nymphenburg. Von 1968 bis 1971 wurde das Gebäude entkernt und für die künftige Nutzung durch die Ludwig-Maximilians-Universität den Erfordernissen der verschiedenen Institute entsprechend baulich erneuert. Um ausreichend Raum für die Universitätsbibliothek zu schaffen, wird das Gebäude von 2015 bis 2018 ein weiteres Mal entkernt und für die Bibliothek neu gebaut. An der Ludwigstraße wird die ursprüngliche Fassade erhalten beziehungsweise nur saniert.

Gurtgesims Ludwigstraße 25.

LUDWIGSTRASSE 27 – DIE EHEMALIGE BERGWERKS- UND SALINEN- ADMINISTRATION

Die Grundsteinlegung erfolgte am 25. August 1838 nach Plänen von Gärtner, die Ausführung übernahm der junge Bauführer Friedrich Bürklein. Die Fertigstellung erfolgte im September 1843. Im März 1943 entstanden bei Luftangriffen schwere Schäden an dem Haus. Noch als Sitz der Bayerischen Berg-, Hütten- und Salzwerk AG erfolgte 1949 bis 1959 der Wiederaufbau. Schrittweise erfolgte eine Angliederung des Gebäudes an die Universität. 1968 bis 1970 entkernte das Universitätsbauamt das Gebäude vollständig und errichtete es bedarfsgerecht. Heute ist das Referat für Internationale Angelegenheiten der Ludwig-Maximilians-Universität dort untergebracht.

Ludwigstraße 27, an der Ecke zur Schellingstraße, mit dem U-Bahn-Aufgang Universität.

Rundbogenfenster, zweites Obergeschoss, mit Rautenfries und kleinen, dicht gereihten Konsolen.

Rundbogenportal mit zwei Blattwerkstäben.

Zur Erinnerung an die bei Luftangriffen des Zweiten Weltkriegs entstandenen Schäden wurden einige Fassadenteile unverändert belassen.

GESCHWISTER-SCHOLL-PLATZ

Zur Ehrung der Geschwister Hans und Sophie Scholl sowie von Professor Kurt Huber, den Mitgliedern der studentischen Widerstandsbewegung »Weiße Rose« gegen das NS-Regime, wurde der westlich der Ludwigstraße liegende Universitätsplatz im Jahr 1946 in Geschwister-Scholl-Platz umbenannt und der genau gegenüberliegende Platz östlich der Ludwigstraße in Professor-Huber-Platz. Auf beiden Plätzen wurden 1842 bis 1872 nach Plänen von Friedrich von Gärtner jeweils zwei Springbrunnen errichtet, die – in Form und Ausführung identisch – die Brunnen auf dem Petersplatz in Rom zum Vorbild haben. Die sechseckigen Brunnenbecken bestehen aus Granit, Die Brunnensäulen wurden in der Maximilianshütte in Bergen am Chiemsee gegossen.

Brunnen am Geschwister-Scholl-Platz mit Blick auf den Brunnen am Professor-Huber-Platz, dahinter die Veterinärstraße in Richtung Englischer Garten führend.

PROFESSOR-HUBER-PLATZ 1 –
DAS HERZOGLICHE GEORGIANUM

Das Herzogliche Georgianum ist ein Priesterseminar, das 1494 als Georgianisches Klerikalseminar von Herzog Georg dem Reichen von Bayern-Landshut gestiftet wurde. Im Jahr 1800 erhielt es seinen Sitz in Landshut, 1826 wurde es – parallel zur Verlegung der Landesuniversität von Landshut nach München – wieder in der Residenzstadt eingerichtet. Danach war es bis 1841 im ehemaligen Karmeliterkloster untergebracht. Wie schon das Damenstift veranlasste auch das Herzogliche Georgianum König Ludwig I., einen Neubau in Auftrag zu geben, er selbst gewährte Mittel dazu. Nach Plänen von Friedrich von Gärtner entstand so unter der Bauleitung von Karl Klumpp d.J. 1835 bis 1841 das Gebäude an der Ludwigstraße, heute Professor-Huber-Platz 1. Zum Seminar gehört auch ein Nutz- und Erholungsgarten an der Ostseite des Gebäudes mit einem kleinen Brunnen. 1944 und 1945 verursachten Bombenangriffe schwere Schäden, die unter anderem unwiederbringliche Verluste von Wandmalereien und Dekorationen zur Folge hatten. Der Wiederaufbau

erfolgte 1948 bis 1949, eine grundlegende Gesamtrenovierung 1982 bis 1986. Zwei Tafeln erinnern an berühmte Studenten des Georgianums: Joseph Ratzinger, der spätere Papst Benedikt XVI., und Sebastian Kneipp, Erfinder des nach ihm benannten berühmten Naturheilverfahrens. An der Ostseite des Georgianums erstreckt sich ein weitläufiger Garten. Die Studenten nutzen ihn gerne zur Entspannung und für sportliche Aktivitäten. An einem Brunnen des Parks praktizierte Sebastian Kneipp erstmals naturheilkundliche Anwendungen, um eigene Leiden zu behandeln. Eine sich im Inneren befindliche Kirche wurde 1982, im Zug der Renovierung, von dem Bildhauer Max Faller als Kirche »Coena Domini« mit einem hochromanischen Holzkruzifix, oberschwäbisch um 1075, an der Stirnwand und einer »Mondsichelmadonna« neu gestaltet. In einem 1986 eingerichteten Museum sind zahlreiche alte, sakrale Kunstwerke der bedeutenden Kunstsammlung des Georgianums, insbesondere von Andreas Schmid, Direktor von 1877 bis 1909, erworben, ausgestellt.

Brunnen am Professor-Huber-Platz, rechts die Türme der Kirche St. Ludwig.

Eingangsportal am Professor-Huber-Platz 1 mit Tafel zur Erinnerung an die Historie des Herzoglichen Georgianums (rechts) und an Sebastian Kneipp (links).

Idyllischer Gartenbereich des Herzoglichen Georgianums.

Holzkruzifix, um 1075
und »Mondsichelmadonna«
in der Kapelle des
Herzoglichen Georgianums.

Kunstsammlung des Herzoglichen Georgianums.

Palmesel, Kloster Scheyern, 1738.

Oben rechts: Reste eines
Marienaltars »Geburt und
Tod der Gottesmutter«,
Augsburg 1745.

Heilige Familie und
Verkündigung an die
Hirten.

Links: Vesperbild, Niederbayern, zweites Viertel des 15. Jahrhunderts.
Rechts: Thronende Mutter Gottes, Bayern oder Schwaben, um 1280.

PROFESSOR-HUBER-PLATZ 2 – DAS EHEMALIGE MAX-JOSEF-STIFT

Das Max-Josef-Stift wurde 1813 als Erziehungsanstalt für »höhere Töchter« gegründet und war ursprünglich am Rossmarkt 15 untergebracht. Für ein neues Stiftsgebäude erhielt Friedrich von Gärtner 1835 den Planungsauftrag. Er schuf ein Gebäude, das weitgehend seinem Gegenüber, dem Herzoglichen Georgianum, angeglichen war. Unter der Bauleitung des Baukondukteurs Georg Freiherr von Stengel und dem Maurermeister Joseph Höchl wurde es 1840 fertiggestellt. Die Schule musste 1939 weichen, um das »Haus des Deutschen Rechts« (Ludwigstraße 28) zu erweitern. Nach erheblichen Kriegsschäden wurde es 1961 abgebrochen und als schwache historische Kopie nach Plänen des Universitätsbauamtes völlig neu aufgebaut. Seit 1961 ist es ein Seminargebäude der Ludwig-Maximilians-Universität für Jura- und Rechtswissenschaften.

GESCHWISTER-SCHOLL-PLATZ 1 –
DIE LUDWIG-MAXIMILIANS-UNIVERSITÄT

Die alte bayerische Universität wurde 1472 von Herzog Ludwig dem Reichen in Ingolstadt gegründet, 1800 nach Landshut und schließlich 1826 durch König Ludwig I. nach München verlegt. Bis 1840 war sie provisorisch in der Alten Akademie in der Neuhauser Straße 8 untergebracht. 1835 erhielt Friedrich von Gärtner den Auftrag, ein Universitätsgebäude zu planen. In der Bauzeit entwickelte sich unter anderem eine heftige Diskussion über die Gelehrtenmedaillons in den Obergeschossfenstern. Sie waren dem König außerordentlich wichtig. Es sind insgesamt 44 Medaillon-Bildnisse bayerischer Professoren der Universität aus der Ingolstädter und Landshuter Epoche, die durch den Bildhauer Francesco Sanguinetti als Relief eingefügt wurden. Das Hauptgebäude der Universität eröffnete im September 1840, anfänglich für 1500 Studenten. Kurz vor den Eingangstüren in der Säulenvorhalle befindet sich im Fußboden ein Mosaik, das durch drei Wappen an die verschiedenen Standorte der Universität erinnert. Durch Luftangriffe 1944 entstanden an großen Teilen der Gebäude zum Teil schwere Schäden. In einem vom Universitätsbauamt durchgeführten Wiederaufbau konnte 1946 bis 1952 die Fassade und das Mittelvestibül im ersten Stock in der originalen Form wiederhergestellt werden. 1958 wurde der Lichthof einschließlich der beiden Denkmäler von König Ludwig I. (Knut Akerberg) und Prinzregent Luitpold (Bernhard Bleeker) feierlich wiedereröffnet. Die ursprünglich von Gärtner errichtete »Große Aula« wurde 1909 bis 1910 von German Bestelmeyer neu gestaltet, die beiden Künstler Wilhelm Köppen und Ulfert Janssen schufen die Innenausstattung. An der östlichen Wand des Lichthofs wurde 1961 eine Orgel auf Anregung von Rektor Joseph Pascher eingebaut. Die Gedenkstätte für die Mitglieder der »Weißen Rose« im Lichthof erinnert an die Taten dieser Widerstandsgruppe. Der Entwurf des Bronzereliefs stammt von Lothar Dietz. Bereits 1958 begannen schrittweise Erweiterungsbaumaßnahmen: Nachbarhäuser wurden angeschlossen und das Innere den Erfordernissen an eine moderne Universität angepasst. Heute bietet die Ludwig-Maximilians-Universität von der Ägyptologie bis zur Zahnmedizin fast 200 Studiengänge an. Mehr als 50 000 junge Menschen aus Deutschland und weltweit 130 Ländern erhalten hier eine akademische Ausbildung.

Arkaden am Haupteingang der Ludwig-Maximilians-Universität,
Geschwister-Scholl-Platz 1.

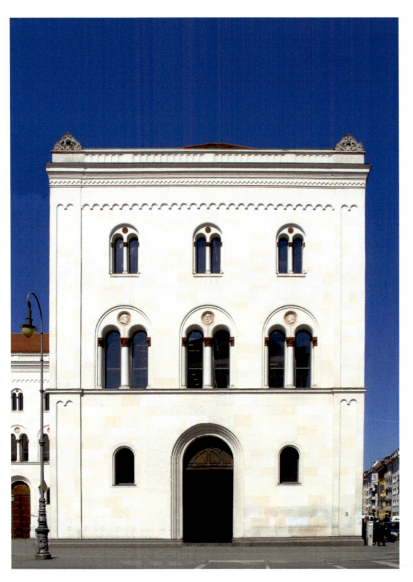

Gelehrtenmedaillons an den Obergeschossfenstern
Geschwister-Scholl-Platz 1/Ecke Adalbertstraße.

Lichthof m Hauptgebäude der Ludwig-Maximilians-Universität mit der 1961
eingeweihten »Weiße-Rose-Orgel« von Georf Friedrich Steinmeyer .

Prinzregent Luitpold
(links) und König
Ludwig I. Statuen von
Bernhard Bleeker am
Treppenaufgang im
Lichthof.

Bodenmosaik mit dem Haupt der Medusa von Wilhelm Köppen im Zentrum des Lichthofs.

Eines der sechs kunstgeschmiedeten Ziergitter im Lichthof, jedes dieser Gitter ist einem Tier zugeordnet.

Urbild von Polyklets »Doryphoros« (m 440 v. Chr.), rekonstruierte Bronzestatue (Bildhauer Georg Römer, 1920/21) im ersten Stock.

Große Aula der Ludwig-Maximilians-Universität.
mit Apoll-Mosaik in der Apsis von Wilhelm Köppen.

Oben: »Weiße-Rose-Orgel«
Rechts: Bronzerelief im Parterre des Lichthofs zur Erinnerung
an die sieben hingerichteten Mitglieder der »Weißen Rose«
von Lothar Dietz, 1958 enthüllt.

Bodendenkmal von Robert Schmidt-Matt (1988) vor dem Haupteingang
der Ludwig-Maximilians-Universität zur Erinnerung an die Flugblattaktion
der »Weißen Rose« gegen das NS-Regime.

Brunnenanlage von
Herbert Peters (1965)
im Salinenhof der
Ludwig-Maximilians-
Universität.

LUDWIGSTRASSE 28 – DAS EHEMALIGE HAUS DES DEUTSCHEN RECHTS

Das ehemalige Haus des Deutschen Rechts entstand 1935 bis 1939 im Rahmen nationalsozialistischer Umgestaltungsmaßnahmen nach Plänen des Architekten Oswald Eduard Bieber, der sich mit der langgestreckten, dreigeschossigen Gestaltung der Fassade und dem monumentalen Portikus an den klassischen Bauten der Ludwigstraße orientierte. Es war der Hauptsitz der 1933 gegründeten Akademie für Deutsches Recht. Im rsten Obergeschoss wird ein Hörsaal »Freskensaal« genannt. Den Grund für diese Bezeichnung liefern vier Fresken des Malers Robert von Langer, die er für den Empfangssalon des Herzog-Max-Palais (siehe S. 68) schuf. Vor dem Abriss des Palais im Winter 1937/38 durch die Nationalsozialisten wurden die Fresken in einem aufwendigen Verfahren abgenommen und so gerettet. Die Kunstwerke überlebten die Zeit auf verschlungenen Pfaden, bis sie in den 1950er-Jahren in diesem Hörsaal eine neue Heimat fanden. 1992/93 wurden sie aufwendig restauriert. Die Fresken behandeln Themen der griechischen Mythologie. Im Zweiten Weltkrieg wurde vor allem der Nordteil des Gebäudes schwer beschädigt. 1950 erfolgte der Wiederaufbau unter der Leitung von Bieber selbst. Äußerlich unverändert, jetzt aber der Ludwig-Maximilians-Universität angegliedert, wird es als Seminargebäude der Wirtschafts-, Sozial- und Rechtswissenschaften genutzt. In der Eingangshalle steht seit 1952 eine weibliche Bronzefigur von Elmar Dietz.

Oben: »Sieg von Theseus über das Ungeheuer Minotaurus«, Mitte links: »Die Aufnahme von Herakles in den Olymp«, Mitte rechts: »Herakles entführt Alkeste aus der Unterwelt«, unten: »Orpheus der wunderbare Sänger und Harfenspieler«.

Säulenportal mit Balkon, Ludwigstraße 29.

Haus Nr. 29 an der Ecke Adalbert-/Ludwigstraße, daran anschließend Haus Nr. 31.

LUDWIGSTRASSE 29, 31, 33

Mit diesen drei Häusern entstand ein fünfstöckiger Wohnblock. Die Ludwigstraße 29 wurde 1889 nach Plänen von Ludwig Herrmann errichtet und blieb solange auch in dessen Besitz bis es 1890 Eigentum des praktischen Arztes Dr. Albert Volz wurde. Als individuelles Gestaltungselement fällt der Rundbogeneingang mit einem figuralen Schlussstein auf, darüber ein Balkonvorbau auf vier Halbsäulen sowie dekorativ geschmückte Rundbogenfenster im Erdgeschoss. Das mittlere Haus, die Ludwigstraße 31, entstand 1881 im Auftrag des Königlichen Oberförsters a. D. Rudolf Kleinschmidt. 1882 werden als Besitzer der Börsenagent David Federmann und Privatier Leopold Möller genannt. Neben dem Rundbogeneingang ist ein Mittelrisalit mit korinthischen Riesenpilastern im zweiten und dritten Stock besonders auffallend, darüber befindet sich ein reich

dekoriertes Gebälkfries. Dr. Albert Volz ließ 1889 durch den Bauunternehmer und Architekten Karl Stöhr ein Rückgebäude errichten. Das nördliche Eckhaus, die Ludwigstraße 33, wurde bereits 1877 nach Plänen des Baumeisters und Privatiers Franz Weideneder errichtet. Eine berühmte Bewohnerin des Hauses war ab 1894 die erfolgreiche und hochangesehene bayerische Schriftstellerin Carry Brachvogel, die 1942 im Konzentrationslager Theresienstadt ermordet wurde. Auffallende Details der Fassade sind im Eingangsbereich die Pfeiler unter dem Balkon, die reich geschmückten Zwickel der Rundbogenfenster und schließlich das Rundbogenportal mit Adler im Scheitel und geflügelten Genien mit Lorbeerzweig und Füllhorn in den Zwickeln. Alle drei Häuser sind heute der Ludwig-Maximilians-Universität angeschlossen.

Ludwigstraße 31, flankiert von Haus Nr. 29 und 33 (rechts).

Oben: Portal und Fenster Hauptfassade Ludwigstraße 31.
Unten Rückgebäude Ludwigstraße 31.

Oben: Ausschnitt Fassade Ludwigstraße 31,
Links: Treppenhaus Ludwigstraße 31.

Ludwigstraße 33 (rechts): das letzte Gebäude der westlichen
Ludwigstraße, Ecke Akademiestraße, kurz vor dem Siegestor.

Ausschnitte Fassade Ludwigstraße 33.

SIEGESTOR

Mit dem 1840 bis 1852 nach Friedrich von Gärtner erbauten Triumphbogen findet die eindrucksvolle Flucht der Ludwigstraße einen monumentalen Abschluss. Das Vorbild dazu war der Konstantinsbogen in Rom. Johann Martin von Wagner, der in Rom lebende Bildhauer und Kunstberater König Ludwig I., erhielt den Auftrag, sechs Gipsmodelle für die Reliefs, sechs Modelle von allegorischen Figuren und die Tondi der Attika, zwei Gipsmodelle für acht vollplastische Viktorien, zwei weitere Modelle für die Viktorien der Archivoltenzwickel und ein Gipsmodell für die Bekrönungsgruppe mit der Bavaria zu schaffen. Sie wurden alle in seinem Atelier in Rom ausgeführt und nach München überführt. Das Programm für den Inhalt der sechs Reliefs wurde erst im August 1841 festgelegt. Die Darstellungen sollten so aussehen »als wenn Römer wider Römer stritten, es sollen keine wirklich vorgefallenen Schlachten sein« (Zitat König Ludwig I.). Die Medaillons stellen Allegorien der bayerischen Regierungsbezirke dar. Je vier Säulen mit korinthischen Kapitellen rahmen die drei Durchfahrtsbögen des Tores auf der Nord- und Südseite. Die Ausarbeitung aller Modelle in Stein erfolgte in München, dabei war ein gutes Dutzend heimischer Handwerker beschäftigt. Den Bronzeguss der Quadriga, nach dem Modell von Wagner, fertigte Ferdinand von Miller an.

Er kam erst 1852 zum vollständigen Abschluss. Am 21. April 1847 starb Gärtner. Sein Schüler Eduard Metzger vollendete den Bau 1852. Der abgedankte König Ludwig I. schenkte das Monument der Stadt München, die damit auch die Verantwortung zum Erhalt des Bauwerks erhielt. Nach einem schweren Bombentreffer 1944 war 1945 der Abbruch aufgrund bestehender Einsturzgefahr bereits beschlossen, als sich der amerikanische Oberst Eugene Keller für den Erhalt einsetzte. 1956 bis 1958 wurde das Siegestor durch die Architekten Otto Roth und Josef Wiedemann, weitgehend in der ursprünglichen Form, wieder instandgesetzt. Dabei wurde der beschädigte Zustand auf der Südseite beibehalten und mit der Inschrift »Dem Sieg geweiht, im Krieg zerstört, zum Frieden mahnend« ergänzt. Die Restaurierung der Quadriga mit erfolgte 1966 bis 1972 unter der Leitung des Bildhauers Elmar Dietz. Fragmente des Siegestores befinden sich im Lapidarium vor dem Stadtmuseum: Stücke aus dem Konsolgebälk, Zahnschnittleisten und Segmente von Zwickelreliefs, mächtige Rundreliefs mit figürlichen Darstellungen und Fragmente eines Tondos. Alles sind Teile aus dem Siegestor, die nach den großen Bombenschäden beim Wiederaufbau nicht mehr verwendet wurden, nicht zuletzt weil die Südseite bewusst im beschädigten Zustand belassen wurde.

Rechts oben: Siegestor stadteinwärts gesehen.
Rechts unten: Siegestor mit Blick in Richtung Leopoldstraße und Münchner Freiheit.

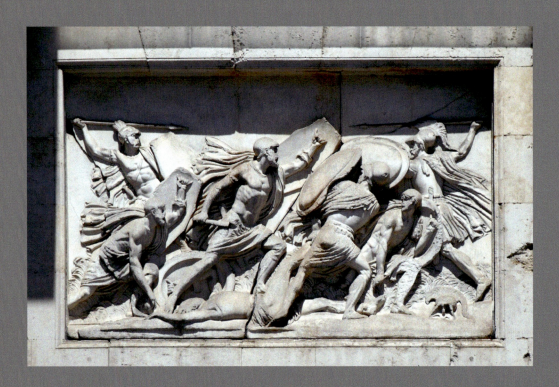

Reliefs mit Kampfszenen an der Südseite (links) und an der Nordseite des Siegestors.

Relief Westseite Siegestor.

Relief Ostseite Siegestor.

Allegorien, die damaligen bayerischen Kreise darstellend.
Kreis Ober- und Niederbayern: Alpenviehzucht.

Kreis Ober- und Mittelfranken: Handwerk und Viehzucht.

Kreis Unterfranken: Wein, Getreidebau und Schifffahrt.

Kreis: Oberpfalz: Hammerwerk.

Rechts: Säule mit korinthischem
Kapitell am Siegestor.

Links: Viktorien in den Zwickeln über dem mittleren Torbogen des Siegestors.
Rechts: Nächtliches Siegestor mit Blick auf die Türme der Ludwigskirche.

1995 wurden in einem städtischen Bauhof im Zweiten Weltkrieg beschädigten Teile des Siegestors entdeckt. Sie sind heute in einem »Lapidarium«, einem kleinen Freilichtmuseum, in der Nieserstraße ausgestellt.

Tondo Pfalz: Wein und Fischfang, Fragment im Lapidarium.

QUELLENVERZEICHNIS

Bayerischer Landesverein für Heimatpflege e. V. (Hg.): »erleben, bewahren, neu schaffen«, München 2002.

Bistritzki, Otto Josef: Brunnen in München. lebendiges Wasser in einer großen Stadt, München 1974.

Donath, Matthias: Architektur in München 1933–1945, Berlin 2007.

Hederer, Oswald: Die Ludwigstraße, München 1942.

Habel, Heinrich / Hallinger, Johannes / Weski, Timm (Hg.): Denkmäler in Bayern. Landeshauptstadt Mitte, Band 1, 2, 3, München 2009.

Köppelmann, Konstantin / Pedarnig, Dietlind: »Münchner Palais«, München 2016.

Kunz-Otto, Hannelore / Kluge, Andrea (Hg.): 150 Jahre Feldherrnhalle, München 1994.

Landeszentralbank in Bayern (Hg.): Vom Herzog-Max-Palais zur Landeszentralbank, München 1990.

Nerdinger, Winfried: Friedrich von Gärtner. Ein Architektenleben 1791–1817, München 1992.

Ders.: Leo von Klenze. Architekt zwischen Kunst und Hof 1784–1864, München 2005.

Schleich, Erwin: Die zweite Zerstörung Münchens, Stuttgart 1981.

Schnell, Werner: Die Kunstsammlung. Entstehung und Geschichte, in: Reiner Kaczynski (Hg.), Kirche, Kunstsammlung und Bibliothek des Herzoglichen Georgianums, Regensburg 1994, S. 39–46.

Schulten, Holger: Der Wittelsbacher Zyklus in den Hofgartenarkaden, Heidelberg 2006.

Smolka, Dr. Wolfgang / Stein, Dr. Claudius / Weigand, Dr. Katharina: Ludwig Maximilian Universität München, Regensburg 2007.

Spindler, Max: Dreimal München. König Ludwig I. als Bauherr, München 1958.

Stankiewitz, Karl: Prachtstraßen in München: Ludwig- und Maximilianstraße, München 2008.

Weidner, Thomas: Das Siegestor und seine Fragmente, München 1996.

BILDNACHWEIS

Das gesamte Bildmaterial wurde bis auf wenig Ausnahmen vom Autor erstellt. Für die Aufnahmen der Wittelsbacher Fürstengruft in St.-Kajetan (S. 24) erteilte der Wittelsbacher Ausgleichsfonds die Genehmigung.

Die Ausnahmen sind:

S. 33: Mit freundlicher Genehmigung von Ackermann-Architekten München: Foto unten: Erwin Döring, Foto oben: Jens Weber.

S. 46–49: Fresken in den Hofgartenarkaden: die Fotografien der Nummern 1 bis 14 wurden von Willhalm Gerhard, München erstellt.

S. 116: Das Gebäude Ludwigstraße 25 war zum Zeitpunkt der Bildbanderstellung eine eingerüstete Baustelle, das verwendete Bild wurde von der Bibliothek der Ludwig-Maximilians-Universität München zur Verfügung gestellt.

DANK

Bei der Entstehung des Buches erfuhr ich aufgeschlossene Unterstützung, so erhielt ich freundlich Genehmigungen für Aufnahmen im Inneren von Gebäuden, verbunden auch mit wichtigen Informationen, zum Beispiel durch die Deutsche Bank, das Herzogliche Georgianum, die Bayerische Staatsbibliothek und die Ludwig-Maximilians-Universität. Auch Mitarbeiter des Bauamts halfen bereitwillig mit Auskünften sowie der Genehmigung aus dem Turm der Theatinerkirche einen Überblick über die Ludwigstraße festzuhalten. Wegen einer besseren Übersichtlichkeit gestatteten ansässige Firmen und Institute aus Bürofenstern gegenüberliegende Objekte zu fotografieren. Bei einer längerfristigen Baustelle, mit eingerüsteter Fassade, half das Universitätsbauamt mit verwertbaren Bildern. An alle ein herzliches Dankeschön.

Die Bilder zu erstellen und die erklärenden Texte zu schreiben war eine Seite, die andere war das alles in einem Buch kreativ zusammenzustellen, die Texte zu überprüfen und zu korrigieren, um ein akzeptables Werk zu erhalten. Der Allitera Verlag hat sich bereits nach Vorstellung der ersten Bilder bereit erklärt, »Die Ludwigstraße« zu veröffentlichen. Besonders danken möchte ich meinen Lektorinnen Dietlind Pedarnig und Carola Holzer, die mit Engagement das gelieferte Material kritisch und mit viel Sachverstand überarbeitet haben, ebenso der Grafikerin Johanna Conrad. Sie hatte die Aufgabe, das umfangreiche Bildmaterial zu ordnen, mit den Texten zu verbinden und die Bilder entsprechend ihrer Bedeutung darzustellen, sodass für künftige Betrachter des Buches die Einmaligkeit der Ludwigstraße deutlich wird. Das Ergebnis der hervorragenden Arbeit, die von allen Beteiligten geleistet wurde, spricht für sich selbst.